JN238585

会社では教えてくれない！

頭のいいメモ術・ノート術

ぱる出版

はじめに

　本書では、メモを取るツールとして「メモ」「ノート」「手帳」を3つの柱としています。

　そして、それぞれにどのように情報を記録するのか、記録した情報をどのように仕事で活かしていくのか、それぞれをどのように連携させるのかを紹介しています。

　また現在ではパソコンはもちろん、スマートフォンやタブレットといったツールがビジネスパーソンに浸透しています。メモ術ノート術も時代に応じて変化しつつあり、本書ではこうしたツールやインターネットを使ったメモの方法も紹介しました。

　これまで「メモを取る」ことを意識していなかった人、メモの重要性を頭では理解していたけれどほとんど実践してこなかった人にも理解しやすいよう、できるだけわかりやすくメモやノートの取り方と活用について解説しています。これらをヒントとして、自分に合ったやり方にアレンジして仕事に取り入れてみてください。

　紙のメモやノート、スマホやパソコンといったデジタルツール、どんな道具を使うにしても、仕事で一定の成果を出すには「記録する」という行動を習慣化する必要があります。人間が苦手とする「記憶」をこれらのツールに任せることで、私たちはもっと大事な仕事に集中できるし、時間も有効に使えるのです。

　必要なのはメモ帳、ノート、書きやすいペンだけ。今すぐメモを取りノートを書くことを始めてみましょう。

『会社では教えてくれない！頭のいいメモ術・ノート術』

INDEX

はじめに　3

Part 1　メモの基本
〝思いついたとき〟に書くのが極意　13

1　メモの習慣が成果と評価を上げる
なぜ仕事にメモは必須なのか …………………… 14

2　メモ、ノートのメリット①
経験・情報をムダにしない ……………………… 16

3　メモ、ノートのメリット②
メモで評価が上がる ……………………………… 18

4　効率よくメモを取り、情報をムダにしない
メモを活かす基本的な習慣 ……………………… 20

5　これだけは覚えておきたい
メモの超基本テクニック ………………………… 22

6　キーワード、箇条書きが基本
情報のポイントを押さえて書く ………………… 24

7 素早くメモを取るときに不可欠なテクニック
略語、記号で速く書く ……………………………… 28

8 文字で表現しにくい情報もよくわかる
図解をどんどん取り入れよう ………………… 32

9 どんな場面で、どのように使うか考えて選ぼう
自分に合ったメモ用紙を選ぶ ………………… 36

10 書きやすいペンだとメモする機会が増える
メモのための筆記用具を選ぶ ………………… 38

11 常に取り出しやすい場所に置いておくのがルール
メモはベストポジションに置く ……………… 40

●テキストエディタでシンプルメモ………………… 42

Part 2　ノートの基本
今と将来のためにドシドシ書くべし　43

1 メモ、手帳にはないノートのメリットは
ノートに書くメリット…………………………… 44

2 ノートの実力を最大限に活かすために
身につけたいノートの習慣 …………………… 46

3 手帳やメモ帳の情報もノートに集めて一元管理
情報はノートに集めよう ……………………… 48

4	ノートを書き時始める前に知っておきたいこと **ノートの基本ルール** ………………………………… 50
5	余白を残しながら書くのが大事なルール **ノートはゆったり書く** ………………………………… 52
6	インデックスやもくじで情報を探しやすくする **検索性を高める工夫** ………………………………… 54
7	ノートのための超シンプル文章術① **箇条書きで情報をまとめる** ………………………… 58
8	ノートのための超シンプル文章術② **結論を先に書く** ……………………………………… 60
9	ノートのための超シンプル文章術③ **短い文でシンプルに書く** …………………………… 62
10	ラインで分割するとノートが書きやすくなる **ノートにラインを引いて書く** ……………………… 64
11	追加・変更情報は、必ず元情報にリンクさせよう **情報を追加・修正する方法** ………………………… 66
12	大事な情報はプリントして貼ると忘れない **パソコンの情報を貼りつける** ……………………… 68
13	罫線、サイズ、厚さ、綴じ方、表紙 **自分に会ったノートを選ぼう** ……………………… 70

●ノートや手帳と使いたい 100 円グッズ………… 76

Part 3　手帳の基本
段取りがよくなるスケジューリング　77

1　スケジュール管理だけが手帳の仕事ではない
　　手帳の機能を存分に活用する ……………………… 78

2　限りある時間を有効に使うには手帳が不可欠
　　タイムマネジメントの意味 ……………………… 80

3　手帳で仕事もプライベートも充実する
　　タイムマネジメントのメリット ……………………… 82

4　手帳を使う人は必ず知っておきたい
　　身につけたい手帳の習慣 ……………………… 84

5　仕事やライフスタイルに合わせて選ぶことが大切
　　自分に合った手帳を選ぼう ……………………… 86

6　「見開き1ヵ月」「見開き1週間」タイプが主流
　　スケジュール欄を選ぶ ……………………… 88

7　スペースを有効活用して読みやすく書く
　　スケジュール欄の書き方 ……………………… 90

8　ふせん＋手帳で手帳のメモ機能を補強する
　　ふせんを活用する ……………………… 92

9　手帳でTODOの管理をしてみよう
　　ふせんでTODOリストを作る ……………………… 96

10	大事な情報に素早く確実にアクセスする **ふせん、インデックスの活用** … 98
11	手帳に入れた情報はいつでもどこでも参照できる **手帳に情報を入れて持ち歩く** … 100
12	繰り返し読みたい情報はプリントして手帳へ **データをプリントして挟む** … 102
13	常に持ち歩く手帳だから、メモしておきたいこと **備忘録、ネタ帳として使う** … 104
14	続けていけばかけがえのない人生の記録になる **手帳に日記をつける** … 106
15	こんなに便利！ いろいろな文房具 **手帳と使いたい文房具** … 108

●スケジュールノートを使ってみよう … 112

Part 4 実践・メモ術ノート術
ノウハウの蓄積を財産にするA to Z　　113

1. 仕事メモの基本がここにある
   電話をかける、受けるときのメモ …………… 114

2. 仕事の記録をつけて経験をノウハウにしよう
   仕事ノートを記録する……………………………… 118

3. 同じ間違いを繰り返さないために
   トラブル回避ノート ………………………………… 120

4. 事前のメモ、ノートでスムーズに進む
   会議前のメモ、ノート……………………………… 122

5. 内容を理解しながら、ポイントをメモ
   会議中のメモ、ノート……………………………… 124

6. メモを補足しながらポイントをまとめる
   会議後のメモ、ノート……………………………… 126

7. コミュニケーションを重視する
   打ち合わせ・商談のメモ、ノート ……………… 128

8. アイデアはすぐに、すべてをメモする
   アイデアを生むメモ、ノート …………………… 132

9. アイデアメモを形にしていく
   アイデアを深めるノート ………………………… 134

10	キーワードを自由に大きくふくらませよう **マインドマップで頭を整理する**	136
11	コーネル式を活用する **セミナーのメモ、ノート**	138
12	まずは手書きの構想メモから始めよう **プレゼンテーションのメモ、ノート**	140
13	本の情報を仕事や生活の中に取り入れるために **読書ノート**	144
14	書類、写真、チラシ、なんでも自由に貼れる！ **ノートをスクラップブックにする**	148
15	相手を気遣い会話をスムーズに進めよう **よりよい人間関係を築くメモ**	150

● 100円ノートが生まれ変わる「ノートカバー」 …… 152

Part 5　デジタル&クラウド超メモ術
ササっと使えるべんり術　153

1 アナログにはないメリットがたくさん
デジタルメモを取り入れよう ……………………… 154

2 書類、ホワイトボード、看板、状況、商品……
写真、動画メモを活用する ……………………… 156

3 音声で情報を記録する
音声メモ ……………………… 158

4 デジタルツールを100倍活かす
クラウドのよさって何？ ……………………… 160

5 個人でも、無料でも使える
主なクラウドサービス ……………………… 162

6 「すべてを記憶する」クラウドサービス
「エバーノート」を活用しよう ……………………… 164

7 エバーノート活用①
エバーノートでメモしてみる ……………………… 166

8 エバーノート活用②
書類をスキャン、データ化する ……………………… 168

9 エバーノート活用③
ウェブページをクリップする ……………………… 170

10	エバーノート活用④ **エバーノートを仕事に活用する**	172
11	メールを保存しておけば仕事の記録になる **Gmailで仕事を記録しよう**	176
12	手帳にプラスして取り入れてみたい **スマホでスケジュール管理**	180
13	スケジュール管理の定番 **Googleカレンダーを使ってみる**	182
14	RSSリーダーで最新情報をまとめてチェック **スマホで効率よく情報収集**	184
15	スマホ、ノートパソコンにないメリットたくさん **タブレットを仕事に使う**	188

Illustration:Sudou Masayuki

Part 1

メモの基本

・・・・・・・・・・・・・・・・・・
〝思いついたとき〟
に書くのが極意

1 なぜ仕事にメモは必須なのか

メモの習慣が成果と評価を上げる

　仕事を効率よくこなし、かつ成果を上げるには、日頃からメモを取りノートを書くことが欠かせません。面倒でついつい書かずに済ませてしまいがちですが、メモすることには本当にたくさんのメリットがあるのです。

メモすれば、安心して忘れられる

　会議の日時、ふと頭に浮かんだアイデア、打ち合わせの内容……。すべてを覚えておくのは不可能です。人間の記憶力は意外と頼りにならず、記憶違いもしょっちゅうです。限界もあります。そこで記憶を補完するためにメモをとるのです。

　メモしておけば、いつまでも情報は正確なまま保存されます。「記憶する」という面倒くさい作業からも開放されます。実はメモするほうが、ずっと簡単なのです。

●記録より記憶のほうが楽!

記憶にだけ頼る　　→　記憶はメモに任せる!　　→　メモしておく

・覚えるのが面倒
・忘れてはならないというストレス大
・忘れる、記憶違いでトラブル多発

・書いたら忘れて OK
・他の仕事に集中できる
・記憶違いやミスが起こらない

Part1 ●メモの基本 〝思いついたとき〟に書くのが極意

重要な仕事に集中できる

記憶することにはかなり頭を使います。「忘れたらどうしよう」と思っていると集中力も落ちるし、ストレスもたまります。でもいったん記録してしまえば、記憶に使っていた時間とパワーを本来の仕事に使えるようになります。記録できることを、記憶する必要はないのです。

●好ましい頭の中の状態

仕事 仕事
仕事 仕事 仕事
仕事 仕事 記憶
仕事 仕事
仕事 記憶 仕事
仕事 仕事 仕事
仕事

記憶ではなく大事な仕事に頭を使う

手書きが脳に刺激を与える

パソコンは脳の機能の一部を肩代わりしてしまうため、手書きに比べると脳が働かないと言われます。普段パソコン漬けの人ほど、ペンで紙に書く行為がいつもとは違う刺激を脳に与えているのを実感できると思います。

手書きだと、パソコンでは描きにくい図やイラストも簡単に書けます。どんどん手書きでメモすることが、新しいアイデアやヒントを引き出すことにながっていくはずです。

手を動かして書く
↓
書いたことを
目で見て確認
↓
パソコンとは違う
刺激を脳に与える

手書きの効果
- 新たな発想がわき出てくる
- 手書き文字や図は記憶に残りやすい
- 集中力が高まる
- パソコンモードの頭が切り替えられ、気分転換になる

2 メモ、ノートのメリット①

経験・情報をムダにしない

メモをとる目的は単に「情報を記録する」ことではありません。「メモを見返して、メモした情報を役立てる」ことなのです。

情報を仕事に活かせる

上司に教えてもらった顧客対応の裏技、セミナーで聞いたツイッター活用法など、「これは仕事で使える！」という情報も、見たり聞いたりしただけではいずれ忘れてしまいます。情報をまったく活かせず終わってしまうのです。

そこで気になった情報は必ずメモして、後で何度も読み返す習慣をつけます。すると情報が定着して、仕事の中で活かすチャンスが生まれるのです。

聞　く：　便利なスマホのメモアプリ情報を先輩に聞いた
▼
メモする：アプリ名、特長を手帳にメモ
▼
Action!：ネットで追加情報を調べて購入。仕事にプライベートに大活躍

読む：『プレゼン資料に図解を取り入れよう』という本を読む
▼
メモする：使えそうなポイントを自分の言葉でノートにまとめる
▼
Action!：聞き手を退屈させない資料が作れるようになる

調べる：グルメサイトで野菜料理がおいしいレストランを調べる
▼
メモする：手帳に店名を書いておく
▼
Action!：休日に友人と出かけて気分転換。仕事にもやる気が出る

経験がノウハウになる

　日々さまざまな業務を経験することで、仕事のスキルは身についていきます。とはいえ毎日繰り返し行う業務でもなければ、せっかく経験したこともすぐに忘れてしまいます。

　そこで、どのような仕事が発生し、どう対処したのかをノートに記録しておきます。特に失敗やトラブルに見舞われたときは、原因、対処方法、改善策などを必ず記録しておきましょう。

　すると今後、同様の仕事をするとき、前回よりも効率よく、質の高い仕事ができるはずです。同じ間違いを繰り返すこともありません。書くことによって経験がノウハウとなるのです。

経験 会社のイベントを初めて担当
▼
記録 進行、予算などを細かく記録
▼
今後 準備の時間・労力が大幅に削減できる

経験 出張報告書の作成に5時間かかった
▼
記録 かかった時間を記録、報告書を保存
▼
今後 スケジュールを組む際に時間の見積もりが正確にできる　作成時間が短縮できる

経験 納期を間違え、納品が間に合わなかった
▼
記録 状況、対処、原因、改善策などを考えて記録
▼
今後 二度と同じ失敗を繰り返さない

仕事の何を記録しておくのか
□ どんな業務が発生したか
□ どれくらい時間がかかったか
□ 誰がどの作業を担当したか
□ どんな手順で進めたか
□ 失敗した場合は原因と改善点など

3 メモ、ノートのメリット②
メモで評価が上がる

こまめにメモをとりノートを書く習慣が身に着けば、職場での評価が上がり、最終的には年収アップも期待できます。

段取りよく仕事が片付く

手帳でスケジューリングをし、関連情報もメモしておくことはビジネスパーソンの常識です。事前にスケジューリングをすることで、段取り良く仕事がこなせ、納期の遅れもなくなります。

また手帳のスケジュール欄に記入した以外にも、日々しなければならないことはあるはずです。そこでやるべき仕事を書き出し、TODOリストを作成する習慣もつけます。優先順位をつけることで、頭の中のごちゃごちゃが整理され、ひとつひとつ着実に片づけていくことができるのです。

段取りよく仕事をこなすことは、評価アップへの最短距離となるはずです。

●TODOリストで仕事を整理する

優先順位	仕事	所要時間	〆切
3	データ入力	1h	明日
4	山田さんにmail		
2	川口氏にtel		
1	岡田さんにmail		
9	メール読む	30min	
5	書類整理	1h	
6	報告書作成	2h	今日
8	坂本Bと打ち合わせ	1h	今日
7	見積書作成	3h	明後日

終わった仕事は線を引いて消す

「言った」「言わない」が防げる

「資料作成は10日締切」と言っていた上司が、急に「8日だったよね？」と言い出した……。この手のトラブルは起きてから解決するのは非常に難しいので、未然に防ぐしかありません。

そこで相手の指示や発言内容は、日付も入れてしっかりメモ。言った言わないのトラブルになったときに、メモが動かぬ証拠となります。ポイントは相手の目の前で堂々とメモすること。適当なことが言いにくくなります。最後に「…ということでよろしいですね？」とメモの内容を確認しましょう。

周囲からの評価がアップする

一生懸命話しているのに、相手がメモも取らずに「はい、はい」と聞いていたら、誰だっていい気はしません。「本当にわかっているのか？」と不安になるし、「仕事を任せて大丈夫か？」と思われたら信用も低下してしまいます。

メモは相手の話を真剣に聞き、内容を理解しているからこそ取れるのです。真面目にメモを取る姿は、「あなたの話を真剣に聞いて、理解しています」というアピールになります。

メモせずに話を聞く人の評価

- □ 話を聞いていない？
- □ やる気がない？
- □ 話を理解していない？
- □ 仕事を任せられない！

評価 down

メモしながら話を聞く人の評価

- □ 話をよく聞いている
- □ 仕事熱心。真面目
- □ 話を理解している
- □ 安心して仕事を任せられる！

評価 up

4 効率よくメモを取り、情報をムダにしない

メモを活かす基本的な習慣

メモは見聞きした情報をやみくもに書いて終わり、というものではありません。書いたメモをムダにしないために、覚えておきたいことがいくつかあります。

とにかくメモする、すぐに書く

「これは仕事に使える」「これは後で必要になる」と思ったら、とにかくメモすることを習慣にします。

メモツールは決めておくのが理想ですが、無理なら手元にあるチラシ、資料の余白、紙ナプキン、手のひら、何でもいいのでとにかくメモすることを最優先としてください。これを続けていくことで、メモする習慣がつきます。

さらにメモはすぐに書くのが鉄則。「後で書こう」と思っていると、忘れたり、記憶違いが必ず起きてしまいます。

●どんな情報をメモするのか

一時的に必要な情報	TODOリスト	仕事の経験
→電話のメモなど	→やるべき仕事の一覧	→成功・失敗にかかわらず
仕事に活かせる情報	**疑問点**	**繰り返し読みたい情報**
→PCの操作手順など	→後で調べたいこと	→心に残る言葉など
会議、打ち合わせ等の内容	**ひらめいたこと**	**セミナーのポイント**
→今後の仕事に必要	→アイデアなど	→読み返して身につける

書いたメモは必ず読み返す

「書いたメモは必ず読み返す」も重要ルールです。メモをとる目的は「情報を記録する」ことではありません。「メモを見返して、情報を仕事などに使ってみる」ことなのです。何度も読み返すことで情報を忘れず、活用することが可能になるのです。そのためにはメモが散らばらないよう、ノートに移動させて一元管理するということも必要になってきます。（→2章参照）

Step1 メモする（後で読んだときにわかりやすい書き方で）
↓
Step2 メモを読み返す（習慣にする）
↓
Step3 メモの情報をアウトプットにつなげる
（行動に移す、企画書作成など）

メモは決まった場所に書く

何にメモするのかは、決めておくのが理想です。たとえば外出時は小型ノート、手帳のメモページ、手帳に挟んだふせん、のように決め、必ずそこにメモします。メモツールを決めておけば、後でそのツールを見るだけで情報を必ず探し出せるので効率的です。

レシートや割り箸袋などイレギュラーなものにメモしたときのために、「財布の中」のように、一時保管場所も決めておきましょう。

「外出時はリングメモ」のように決めておく

5 これだけは覚えておきたい
メモの超基本テクニック

　それではさっそくメモしてみましょう。メモするときは、後で読みやすく、正確に情報が読み取れる書き方をすることが大事です。メモの基本ルールを見てみましょう。

必ず日付を書く

　その場限りの一時的なメモ以外、すべてに日付を入れましょう。日付がないといつ書いたメモなのかわからず、困ってしまうことが多いのです。「〇月〇日」だけでなく、「2014/10/15（水）」のように西暦、曜日も書く習慣をつけてください。場合によっては時刻も必要かもしれません。

不明な点はすぐに確認して書く

　あいまいな点、不明な点があれば、その場ですぐに確認してメモします。相手の言ったことがわからない、聞き取れないといった場合も同様です。こうしたことは時間がたつほど聞きにくくなるので、その場ですぐに確認してください。

　理解できなかった、わからなかったからといって、「たぶんこうだろう」という憶測は書かないでください。時間がたつと、それが事実なのか憶測なのか忘れてしまうからです。憶測で書く場合は、「要確認」のように書いておきましょう。

1枚に1用件のみメモする

　1枚のメモ用紙には1つの用件だけ書きます。たとえば「来週の会議の日時」をメモしたら、余白があっても他の用件は同じメモ用紙には書きません。

　また裏表にメモせず、片面のみ使うようにしてください。

　1枚にいくつもの用件を詰め込むと混乱しやすく、1つの用件が片付いたら残りを忘れてしまった、メモ用紙を捨ててしまったという間違いが起こりやすくなります。

　「1枚に1用件」を徹底すれば、用が済んだらそのままメモ用紙を捨てることができます。メモを保管しておきたい場合は、そのままノートに貼ることも可能です。誰かにメモを渡すときも、そのまま渡せます。

　手帳にメモする場合は1枚1用件とはいきませんが、メモ用紙やふせんに書く場合はこのルールを守りましょう。「余白がもったいない」という気持ちを捨てるとうまくいきます。

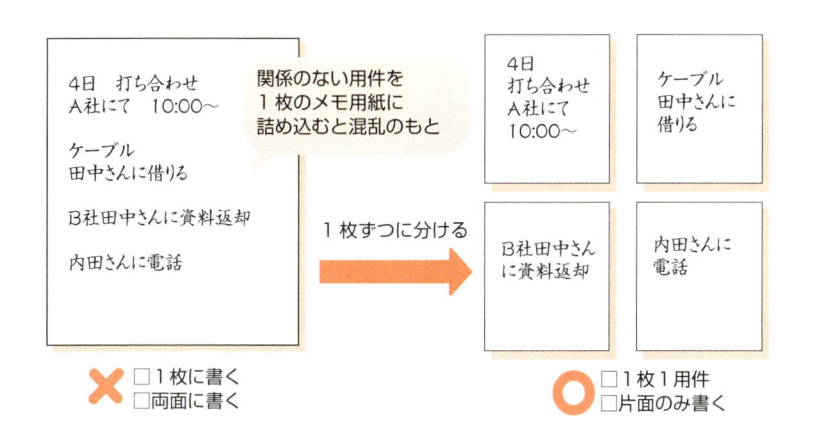

```
4日　打ち合わせ         関係のない用件を
A社にて　10:00〜        1枚のメモ用紙に
                        詰め込むと混乱のもと
ケーブル
田中さんに借りる

B社田中さんに資料返却

内田さんに電話
```

1枚ずつに分ける →

```
4日              ケーブル
打ち合わせ       田中さんに
A社にて          借りる
10:00〜

B社田中さん      内田さんに
に資料返却       電話
```

✕ □1枚に書く　□両面に書く

〇 □1枚1用件　□片面のみ書く

6 キーワード、箇条書きが基本
情報のポイントを押さえて書く

　メモを読むのは未来の自分です。日にちが経つと、いつ何をメモしたのか、自分でもわからなくなってしまいます。「他人が読んでもわかるかどうか」を意識して書くようにしましょう。

ポイントを箇条書きにする

　メモには見聞きした情報をすべて書く必要はありません。大事な部分、必要な部分のみ書けばいいのです。まずは情報の内容をよく理解し、必要・不要を判断して、ポイントを拾い出しましょう。

　メモは文章で書く必要はありません。キーワードを箇条書きすればＯＫです。箇条書きならサッと書け、読むときもパッと見るだけで何が書いてあるのかわかるので楽です。効率重視でいきましょう。

> タブレットを持っているという人は随分増えているようですね。でも動画を見るとか、結局は遊びでしか使ってない人が多いんですよ。これはもったいないですね。ダメですよ。ぜひ仕事にも使ってほしいものです。いきなりはガンガン使うのは難しいと思いますが、少しずつ取り入れてみてください。

→ 必要な情報のみ拾い出す

　タブレット
　遊びのみ×
　仕事に活用○

　少しずつ取り入れる

必要な情報をはしょりすぎない

ポイントのみを箇条書き、とはいっても、情報をはしょりすぎると後で意味がわからなくなってしまいます。

たとえば「山本部長　資料」だけでは、山本部長に氏資料を渡すのか、資料をもらうのか、時間が経つとわからなくなります。そこで「山本部長に資料」のように「に」を入れるだけで、正しく意味が取れるようになります。

また日にちについては「明日」「来月」ではなく「8日」「7月」のように具体的に日付で書きましょう。

メモには未来の自分が混乱しないだけの情報は加えておく必要があります。他人が読むと思って書くとうまくいきます。

重要な部分を強調する

特に重要な部分はマーカーでアンダーラインを引く、囲うなどして目立たせます。読み返したときに、最も重要な部分に真っ先に目に入ってきます。

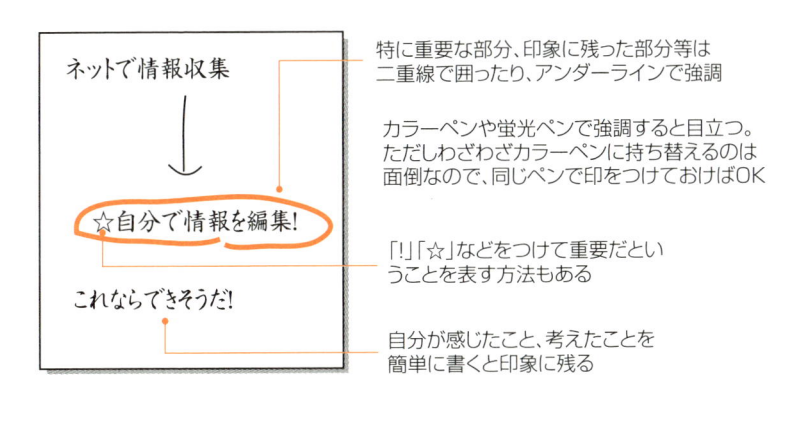

```
ネットで情報収集
      ↓
☆自分で情報を編集!

これならできそうだ!
```

特に重要な部分、印象に残った部分等は
二重線で囲ったり、アンダーラインで強調

カラーペンや蛍光ペンで強調すると目立つ。
ただしわざわざカラーペンに持ち替えるのは
面倒なので、同じペンで印をつけておけばOK

「!」「☆」などをつけて重要だということを表す方法もある

自分が感じたこと、考えたことを
簡単に書くと印象に残る

「何が」→「どうした」を意識して書く

　指示や用事をメモするとき、その内容は「何を・どうする」「何が・どうした」というパターンにほとんどあてはまります。「報告書を・提出する」「鈴木さんに・電話をする」という感じです。

　それを「報告書」「鈴木さん」のように、「何を」だけ、あるいは「どうする」だけをメモしていると、あとで意味がわからなくなってしまいます。

　たとえば「報告書を提出するように」と言われたので「報告書」とだけ書いたのでは、報告書を作成するのか、確認するのかわからなくなる可能性があります。

　そこで「何を・どうする」「何が・どうした」を意識してメモを取るようにしましょう。その場で書けなかったら、後で必要な情報を書き足しておいてください。

●「何が→どうした」を意識してメモを取る

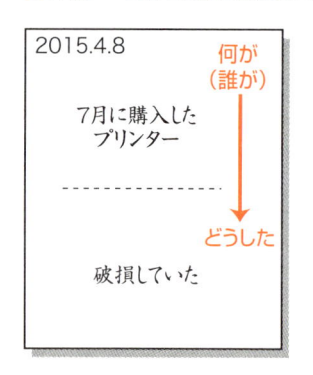

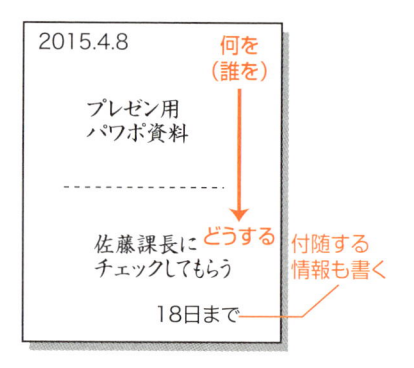

```
2015.4.8                          何が
                                 （誰が）
  7月に購入した
  プリンター
  -----------------
                                  どうした
  破損していた
```

```
2015.4.8                          何を
                                 （誰を）
  プレゼン用
  パワポ資料
  -----------------
                           どうする   付随する
  佐藤課長に                          情報も書く
  チェックしてもらう
       18日まで
```

上下の語を意識してメモを取ると、情報を書きもらさない

Part1 ●メモの基本 〝思いついたとき〟に書くのが極意

5W2Hを押さえる

5W2Hは、いずれも情報の核といえます。情報に漏れがないかを確認するときには、5W2Hをチェックすると確実です。

特に日付、時間、金額といった数字は重要です。数字は間違えやすく、大きなミスにつながりかねないので要注意です。その内容もよく内容も確認するようにしてください。

また部下に指示を出すときや、企画書・報告書などを書くときも、5W2Hに抜けがないかチェックリストを作り、確認すると安心です。

内容によっては5W2Hすべてが盛り込まれるとは限りません。その場合は必要な情報が記録されていればOKです。

●5W2Hをチェックすると情報の漏れがない

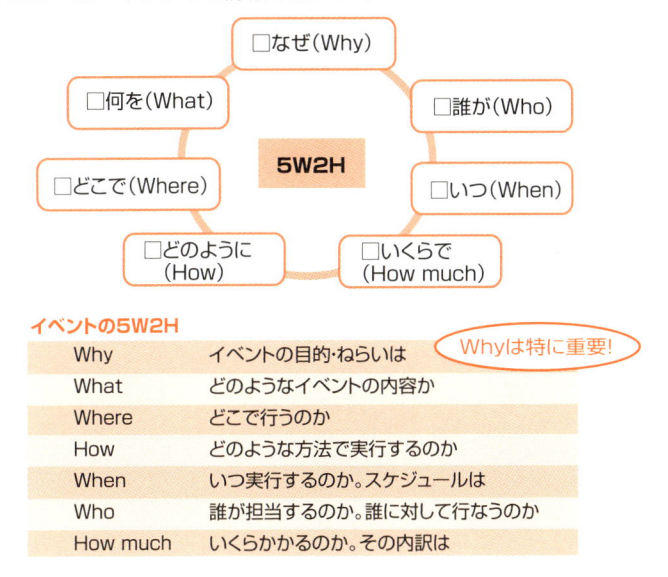

- □なぜ(Why)
- □誰が(Who)
- □何を(What)
- □いつ(When)
- □どこで(Where)
- □どのように(How)
- □いくらで(How much)

5W2H

イベントの5W2H

Why	イベントの目的・ねらいは	Whyは特に重要!
What	どのようなイベントの内容か	
Where	どこで行うのか	
How	どのような方法で実行するのか	
When	いつ実行するのか。スケジュールは	
Who	誰が担当するのか。誰に対して行なうのか	
How much	いくらかかるのか。その内訳は	

7 素早くメモを取るときに不可欠なテクニック
略語、記号で速く書く

　会議やセミナー等で人の話をメモするときは、速く書くことが要求されます。書くスピードを上げるには、略語や記号が欠かせません。また手帳のスケジュール欄のようにメモスペースが小さいときにも、略語、記号は役に立ちます。

速く書くテクニック① 略語を使う

　名前や社名を書くときは、次のようなシンプルなルールを決めて書くといいでしょう。特によく登場する人名や会社名については、決まった略字を考えておくと楽です。

●最初の1文字をとる、○で囲む

　会議＝㊌　　　交渉＝㊎　　　検討＝㊙
　岡山商事＝㊗　田中さん＝㊉　さくら株式会社＝さ社

●最初の1文字をカタカナ、アルファベットにし○で囲む

　藤田運輸……㋫　Ⓕ

仕事で使える略語

電話をかける……tel、T	会議……会　M、MTG	山本部長……山本B
メールを出す……ml	打ち合わせ……打	田中課長……田中K
ファクスを送る……fax、F	出張……出	営業部……SL部
郵便を出す……〒	第一会議室……R1	企画部……企、P部
プリントする……PT		

速く書くテクニック②　記号を使う

　記号を自分で考えて使う場合は、イメージから理解できる簡単なものにしておきましょう。その場の思いつきで使うと後で何だかわからなくなるので、継続して使うこと。忘れたときのために、手帳などに記号の一覧表を書いておくといいでしょう。

重要……☆　未確定……?　成果あり……◎　要確認……!

速く書くテクニック③　漢字を略して書く

　漢字は画数が多いので書くのに時間がかかります。業務でよく使う漢字はだいたい決まってくるので、日頃「書くのが面倒〜」と感じている漢字は略し方を考えておきましょう。最初は抵抗ありますが、使っているうちになじんできます。

第……ヲ	働……仂	業……ヰ	個……仴	点……㸃
門……门	職……払	曜……旺	事……亊	品……品

速く書くテクニック④　カタカナで書く

　シンプルなカタカナは漢字よりも確実に速く書けます。人名などの固有名詞は漢字がわからない場合が多いですが、とりあえずカタカナで書いておきましょう。ひらがなばかりだと単に「漢字の書けない人」ですが、カタカナならいくらかマシです。

会議……会ギ　　　　遠藤……エンドウ
稟議書……リンギショ　茅場町……カヤバ町

速く書くテクニック⑤　英語、英語の略語を使う

　たとえば「議題」はagenda、「報告書」はreportまたは略してrepのように書くとスマートな感じがします。「会議」はmeetingまたは略して「mtg」と書いてもいいでしょう。

　下図の略語はいずれもネイティブが使用しているものです。勉強と思って使ってみてはいかがでしょうか。

　他にもmust（〜しなければならない）も、「報告must」のように使うことができます。

　セミナーなどで相手の話をそのまま記録したい場合は、but（しかし）やthen（そこで）のように接続詞だけ英語にすると、話の流れがわかりやすくなります。英語が得意な人、英語の勉強をしている人は、メモに英語を取り入れてみてください。

●メモに使える英語の略語

□@	at	〜で		□bldg	building	ビル
□mtg	meeting	会議		□mdse	merchandise	商品
□appt	appointment	アポ		□yr.	year	年
□conf.	conference	大きな会議		□mo.	month	月
□#	number	番号		□wk.	week	週
□o/t /ow	overtime (work)	残業		□asap	as soon as possible	できるだけ早く
□dept.	department	〜部		□ad	advertisement	広告、広告物
□div.	division	〜課		□attn	attention	〜宛て
□rm	room	部屋		□frm /fm	from	〜から
□msg	message	メッセージ		□fw	forward	転送する
□info	information	情報		□ps	postscript	追伸
□ms	manuscript	原稿		□1st	first	第一に
□add	address	住所		□2nd	second	第二に
□w/	with	〜と一緒に		□otp	on the phone	電話で
□ex	for example	例えば		□opt	option	選択肢
□v	very	非常に		□inv	invoice	請求書
□tho	though	〜にもかかわらず		□spec	specification	仕様書

Part1 ●メモの基本 〝思いついたとき〟に書くのが極意

知られたくない情報は記号・略語で暗号化

　人に知られたくない情報や予定は、記号や略語を使うと他人にはわかりにくくなります。ただし時間がたつと、自分がわからなくなってしまうので要注意。その場の思いつきでなく、使うなら継続して使うようにしてください。またノートなどに意味を書いておくと安全です。

朝日社からは100万円、
夕日社からは200万円の
オファーを受けた

→

A:1個　　B:2個　　社名と金額を暗号化

A＝朝日社　B＝夕日社　100万円＝1個

●英語で書くと暗号化する

　英語で書いてあると、たいていの日本人はパッと見ただけでは意味が理解できません。そこで人に知られたくない予定やプライベートの予定は英語で書く、ということもできます。ついでに英語の勉強になって一石二鳥です。

●アルファベット略語を使う

　少し前に流行したアルファベット略語は言葉遊びですが、会議でちょこっとメモするときなどに使えるかもしれません。

```
WK……しらける (White Kick)     MT……まさかの展開
TM……トラブルメーカー          JO……時代遅れ
GHQ（Go Home Quickly）……残業しないで帰る
HD……ヒマなとき電話            YM……やる気満々
KZ……絡みづらい                BKK……場の空気壊す
```

8 文字で表現しにくいことがよくわかる
図解をどんどん取り入れよう

　メモはキーワードの箇条書きで基本 OK ですが、それだけでは話の流れやキーワード同士の関係がわかりにくいことがあります。そんなときは簡単な図解を取り入れると効果絶大です。

図解は情報が理解しやすい

　図解といっても、難しいことは何もありません。使うのは「丸」や四角」、そして「罫線」「矢印」くらい。これだけで、たいていの情報を図で表すことができます。

　たとえば「出張報告書作成→田中Kチェック→佐藤Bハンコ」のように単語と単語の間に矢印を入れるだけでも、「出張報告書を作ったら、田中課長にチェックしてもらい、それから佐藤部長にハンコをもらうんだな」と話の流れがわかりやすくなります。パッと見て、イメージで理解できるからです。

　また自分がわかりやすいということは、第三者に情報を伝えるときもイメージでわかりやすく伝えられるということです。

　ですからメモを書くときには、どんどん図解を取り入れましょう。普段から見聞きした情報を図解で整理し、図で考えてメモする習慣をつけておきます。するとプレゼンテーションの資料作成の際などにもきっと役立つはずです。

Part1 ●メモの基本 〝思いついたとき〟に書くのが極意

図解の基本パターン

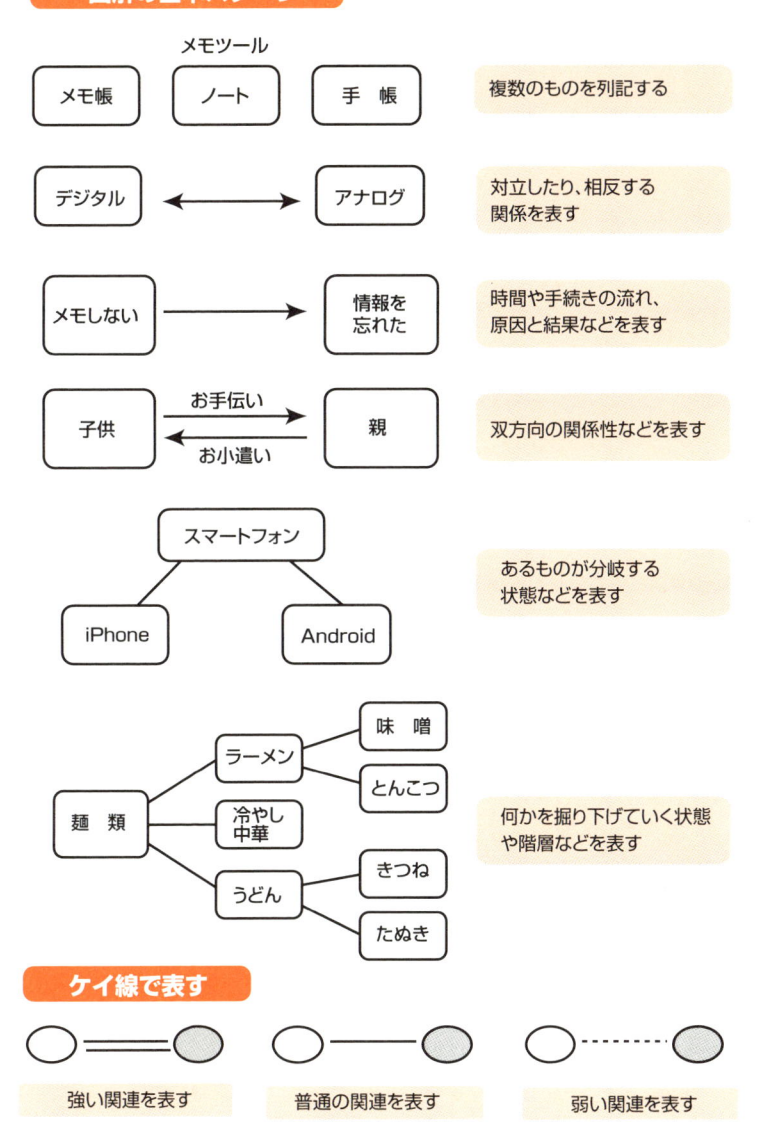

メモツール

メモ帳　ノート　手帳　　　複数のものを列記する

デジタル ⟷ アナログ　　対立したり、相反する関係を表す

メモしない → 情報を忘れた　　時間や手続きの流れ、原因と結果などを表す

子供 ⇄ 親（お手伝い／お小遣い）　　双方向の関係性などを表す

スマートフォン
├ iPhone
└ Android

あるものが分岐する状態などを表す

麺類
├ ラーメン
│　├ 味噌
│　└ とんこつ
├ 冷やし中華
└ うどん
　├ きつね
　└ たぬき

何かを掘り下げていく状態や階層などを表す

ケイ線で表す

○═●　強い関連を表す　　　　○─●　普通の関連を表す　　　　○┄●　弱い関連を表す

メモにイラストを書き添える

　形状などをメモする際にはちょっとしたイラストを描き添えると、情報がぐっとイメージしやすくなります。たとえば「面白い形のバッグ」という文字情報からは、人によって想像するものがだいぶ違います。下手でも簡単なイラストがあると、だいたい共通のイメージが持てるでしょう。そしてイラストを見ただけで、「バッグについてのメモだな」とわかります。

　見て楽しませるイラストではなく、イメージを伝えるためのイラストです。下手でも気にせず、どんどん書いてみてください。

　ただしイラストだけですべての情報を正確に表すのは不可能です。文字のメモにイラストを書き添えるのがいいでしょう。

●イラストを添えると情報が分かりやすくなる

箇条書きのみ

- 花瓶
- 細長い壺みたいな形?
- 文字は金色でAPO
- 高さ30cm、横8cm
- 色はグレー
- 青いストライプが斜めに入ってる

☐形状がイメージしづらい
☐読む人によって想像するものが異なる

イラストを描く

花瓶
グレー
30cm
APO
青
8cm

☐形状などがイメージしやすい
☐見てすぐ「○○のメモだ」とわかる

Part1 ●メモの基本 〝思いついたとき〟に書くのが極意

マスキングテープをメモに使ってみる

　マスキングテープは貼ってきれいにはがせるのが特徴で、色柄のバリエーションも豊富。文字を書くこともできます。ふせんと違って好きな長さで切ったり手でちぎることができ、剥がれ落ちる心配もありません。まさにメモにはぴったりのツールです。ぜひ使ってみてください。

マスキングテープにメモしてスマホやケータイに貼る。1日に何度も見るものなので、用件を忘れることがない。はがれないし、メモの長さに応じてちぎって使える。

パソコンの操作等をメモしてパソコンに貼る。ふせんのようにはがれないので安心。覚えたらノートへ貼り替えて保存するもよし。

メッセージをメモして、書類やプレゼントなど誰かに渡すものに貼る。カラフルで楽しくなる。

9 どんな場面で、どのように使うか考えて選ぼう
自分に合ったメモ用紙を選ぶ

　一口にメモ用紙といっても、裏紙メモから超高級メモ帳まで実にバラエティに富んでいます。用途をよく考えて、自分に合ったものを選んでください。

メモの用紙・罫線

●方眼、ドット、無地
・図やイラストが書きやすい
・縦にも横にも使える
・文字も罫線に縛られずに自由に書ける
・いろいろなメモに使いやすい

●罫線
・文字のメモ向き
・箇条書きがしやすい
・頭に□をつけてリストを書きやすい
・罫線の濃いもの・薄もの、罫線の幅の広いもの・狭いものがある
・罫線が濃いと書くとき邪魔になる

●ミシン目入り
・ミシン目で切り取れる
・2分割、3分割等できるものもある
・メモを切り取ってノートに貼れる
・スキャンして電子化する目的のときに便利

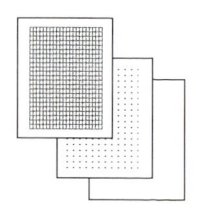

Part1 ●メモの基本 〝思いついたとき〟に書くのが極意

いろいろなメモ帳、メモ用紙

リングメモ
手の平にすっぽり収まるコンパクトサイズを選ぶと、片手に持って立ったままメモを取るのに便利。上辺にリングがある縦開きが書きやすい。

小型ノート
A6、A7サイズなどの小型ノートは持ち運びしやすくメモ向き。A7はポケットに入る。切り取り線が入っているものもある。

ブロックメモ
1枚ずつはがせるシンプルなメモ帳。ちょっとメモして人に渡したり、メモを切り離してノートに貼ったりするときに便利。

ふせん
デスクでも外出時にも使える万能メモツール。色、サイズはもちろん、ロール式、罫線入り、TODO用、薄いフィルム素材などバラエティ豊か。

高級メモ帳でやる気を出す！

高級メモ帳は自分に気合を入れるとともに、周囲にもやる気を感じさせます。有名なのがフランス「ロディア」社のメモ帳。サイズ等のバリエーションは豊富にありますが、基本は5mm方眼用紙でページもたっぷり。切り離しやすいようにミシン目が入っていて、表紙は防水加工されています。値段に見合った使い勝手のよさです。

5mm方眼が基本

10 メモのための筆記用具を選ぶ

書きやすいペンだとメモする機会が増える

メモをどんどん書くためには、「ストレスなく書ける」「書いたものが読みやすい」筆記用具を選ぶようにしてください。

メモ、ノートのための筆記用具

●ボールペン、ペン

細すぎる、短すぎる、太すぎるペンは、握りにくく書きにくいもの。手になじむかどうか、ストレスなくサラサラ書けるかどうか、必ず試し書きして選んでください。

芯の太さは、書きやすさでいえば太い0.7mmですが、細かい字が書けないので小さい手帳などには不向きです。

インクによっても書き味は違います。なめらかなのはゲルインクや水性ペン。素早く大量にサラサラ書けます。油性ボールペンはやや重い書き味で、書き出しがかすれたりインクで汚れることもあります。外出先ではすぐに乾く油性かゲルインクが便利です。

キャップ式はすぐにキャップが行方不明になるので、ノック式が基本。スマートに書き始めることができます。

□シャーボX（ゼブラ）
　ペン本体と芯のリフィルを自由に選んでカスタマイズできる。
□ジェットストリーム（三菱鉛筆）
　手頃な価格だが、書きやすさに定評がある。

●シャープペン

やわらかく書きやすいのは HB 以上、0.5mm 以上の太めのもの。0.7mm だとかなりなめらかで、素早く大量に書くときに向いています。文字も濃く書けるので読みやすくなります。ただしシャープペンはコピーを取るとかすれることがあります。

□**クルトガ（三菱鉛筆）**
書くたびに芯が少しずつ回転し、いつも最適な細さの芯で書くことができる超人気商品。
□**シャーピッツ（サンスター文具）**
ノック式プラスチック軸の鉛筆。鉛筆の書き味を残し、シャープペンのように使うことができる。

●多色・多機能ペン

1本でシャーペン、ボールペン、カラーペンなど何役もこなし、外出時に手帳といっしょに持ち歩くのに便利。多色ボールペンはノートやメモを色分けして書く際に便利です。

□**フィードホワイトライン（パイロット）**
3色ボールペン＋修正テープ。文字がすぐ消せる。

●蛍光ペン

黄色は色が薄く、「コピーしたとき写りこまない」という特徴があります。ポイントの強調にはピンクがいいでしょう。

□**フリクションライト（パイロット）**
ペンの後ろについている専用ラバーで線が消せる。
□**プロパスウインドウ（三菱鉛筆）**
ペン先に穴が開いていて、文字を見ながら線が引ける。

11 常に取り出しやすい場所に置いておくのがルール
メモはベストポジションに置く

メモする状況は突然やってきます。またクライアントの前でメモを取ることも多いでしょう。スマートにメモを取り出し書き始めるには、「すぐに取り出せる場所」にセットしておきましょう。

デスクまわりのメモの定位置

たとえば右利きの人なら、電話は左、卓上メモはデスク右側に置くと、ムダな動作なくサッとメモを取れます。電話中でも右手が使え、メモを取ったり書類探ができます。ノートの場合は机上のファイルボックスのいちばん左側に置くルールにしましょう。

筆記用具やマーカーといった小道具も同様です。机の引き出しに入れる場合は、取り出しやすいセンタートレーか、サイドキャビネットの上段に入れておきましょう。

メモを書いたら必ず元の場所に戻すルールにします。するといざ必要となったとき、さっと手に取ることができるのです。

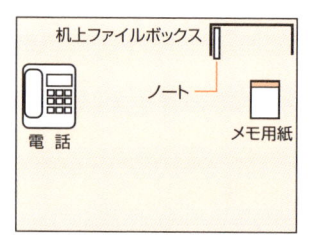

- メモ用紙は机の右側（右利きの場合）
- 電話は左側
- ノートは机上ファイルボックスの一番左
- 引き出しに入れる場合はセンタートレーか一番上

場所を決める（取り出しやすい場所）→使ったら元の場所に戻す

Part1 ●メモの基本　〝思いついたとき〟に書くのが極意

カバンの中の定位置

　外出先ではクライアントの前で手帳やペンを取り出すこともあります。あたふたせずスムーズに取り出せる場所に決めましょう。たとえば上着の内ポケット、カバンの外ポケットです。ふせんは手帳の表紙裏などに何枚か貼りつけておきましょう。

外出時のベストポジション

- カバンの外側のポケット
- 上着のポケット
- ペンは手帳やメモ帳に挟んでおく。ペンホルダーを利用するといい

裏紙の利用はほどほどに

　オフィスで大量に出る裏紙は、一時的に情報を記録する捨てメモなど、用途をよく考えて使いましょう。メモして人に渡すときはゴミと間違われないように、周囲をマーカーで色を付ける、机にテープでとめるなどのひと手間が必要です。

　また商談や打ち合わせでは、裏紙メモはやる気がなさそうに見えるうえに貧乏くさいので、避けたほうが無難です。

　なおA4の裏紙を4つに切って一辺をボンドで止めると、シンプなブロックメモ帳ができあがります。

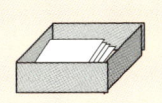

裏紙メモ帳を作る
切った紙を重ね、クリップでとめて側面に木工用ボンドをたっぷり塗り、乾くのを待つ。もとからの裁断面に塗るときれいに仕上がる

切って箱に入れる　　木工用ボンド

テキストエディタでシンプルメモ

　デジタルメモ入門には、おなじみウィンドウズの「メモ帳」といったテキストエディタを使う方法挙げられます。

　テキストエディタでメモする場合、1用件ごとにファイルを作っていると、ファイル数が膨大になってしまいます。中身を確認するにも、いちいちクリックして開かねばならないのでかなり面倒です。

　そこで1つのファイルをメモ用にして、そこに続けてメモしていくのが簡単です。日付も必ず入れてください。1つのファイルにまとめると、キーワードや日付での検索が簡単です。

　ウインドウズの「メモ帳」の場合、最初の一行に「.LOG」と入力しておくと、その後メモを入力してファイルを閉じるたびに、入力した日付と時間が自動的に入ります。メモには日付が不可欠なので、とても便利な機能です。

1.
「メモ帳」で新規入力画面を開く
先頭に「.LOG」と入力。
メモしてファイルを閉じる

2.
メモした日付／時刻が自動的に入る。
その後入力するたびに、
日付と時刻が表示される

Part 2

ノートの基本

今と将来のために
ドシドシ書くべし

1

メモ、手帳にはないノートのメリットは

ノートに書くメリット

「メモ用紙」「ノート」「手帳」はどれも情報を書きとめるツールには違いありません。けれどもメモ帳や手帳とは違い、ノートだからできること、は何なのでしょうか。

思う存分、自由に書ける

重要な仕事の記録からくだらない思いつきまで、書きたいことをいくらでも書けるのがノートです。パソコンやスマホよりも自由度が高く、図やイラストも簡単に書くことができます。

いっぽうメモ帳はサイズが小さく、情報を記録するのに限界があります。手帳はスケジュール管理が主となるので、やはり何でも自由に書くわけにはいきません。どちらもメモ、ノートには欠かせないツールですが、文字や図版、イラストなどを自由にたくさん書くときはやはりノートがベストなのです。

●ノートは何でも自由に書いていい

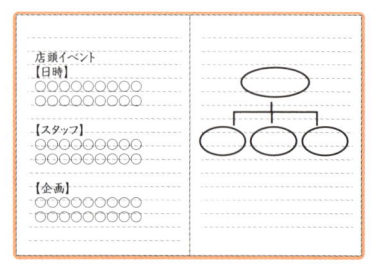

□スペースを活かして思う存分書き込める
□図やイラストも自由に描け自由度が高い
□保管し、何度でも読み返せる
□メモや資料を貼りつけることもできる

ノートの情報は保管・活用しやすい

　メモ用紙やふせんに書いたメモはなくしやすいし、そのままでは情報が蓄積されません。情報検索も面倒です。

　いっぽうノートは大きさのある冊子なので、簡単には紛失せず、長期保管できます。インデックスや目次をつけることで、情報も探しやすくなります。「情報を記録し、何度も読み返し、活用する」というという用途にはぴったりなのです。

● **手帳やメモ帳から情報を移動させる**

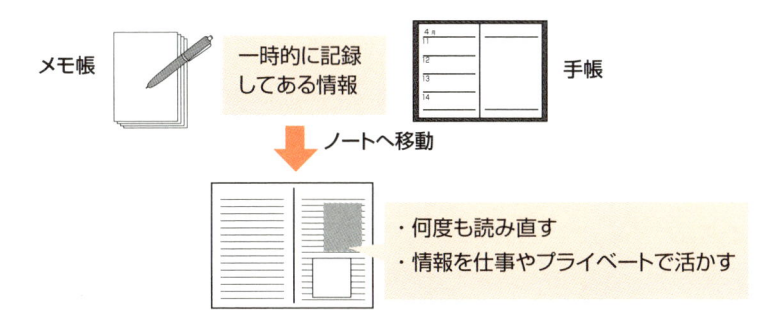

メモ帳　　一時的に記録してある情報　　手帳

↓ ノートへ移動

・何度も読み直す
・情報を仕事やプライベートで活かす

発想が広がる、考えが深まる

　小さなメモ用紙には、情報のポイントだけしか書くことができません。いっぽうノートは書き込みスペースが大きく、なんでも書けるのが特長です。ですから、ふとした思いつきを具体的な企画にまで掘り下げて、詳しく書いていくことができます。情報を記録するだけでなく、メモから企画書などのアウトプットを生み出すことのできるツールなのです。

2 ノートの実力を最大限に活かすために
身につけたいノートの習慣

　自分のためのノートですから、ノートにはどんな情報を書いても構いません。でもせっかく記録した情報をムダにしないためには、知っておきたいことがいくつかあります。

再び見る情報はノートに書く

　「これはノートに書くべき」という情報は、「再び見ることになる情報」です。たとえば仕事の記録や、後でじっくり練り上げたいアイデアなどです。

　メモ帳や手帳に書いたメモの中でも、後で必要になりそうな情報があればノートに移動させましょう。そうすればなくすこともないし、情報が活用しやすくなります。

●後で読み返す情報はノートに書く

図、イラスト
何でもOK！

□仕事の記録
□企画のためのアイディア
□会議、セミナーなどの記録
□仕事のノウハウ
□何度も読み返す情報・データベース
□本や雑誌等の切り抜き
□会話のネタ
□本や映画の感想
□心に残った名言　など

ノートは何度も読み返そう

ノートの最も大事な習慣は「ノートを頻繁に読み返す」こと。繰り返し読むことで、ノートに書き留めたことがノウハウ・知識として定着していくのです。

けれどもノートに書いたことに安心して放置しておいたら、何を書いたかあっという間に忘れてしまいます。仕事の合間や気分転換がしたいときに、過去のノートに目を通すことを習慣化してください。

たとえばプロジェクトがスタートしてから終了するまで、ノートには頻繁に記録をつけます。その後も頻繁にノートに目を通していれば、次に似たような仕事が発生したとき、ノートを参考により効率的に、よりよい結果を出せるはずです。

●仕事のP→D→C→Aにはノートが不可欠

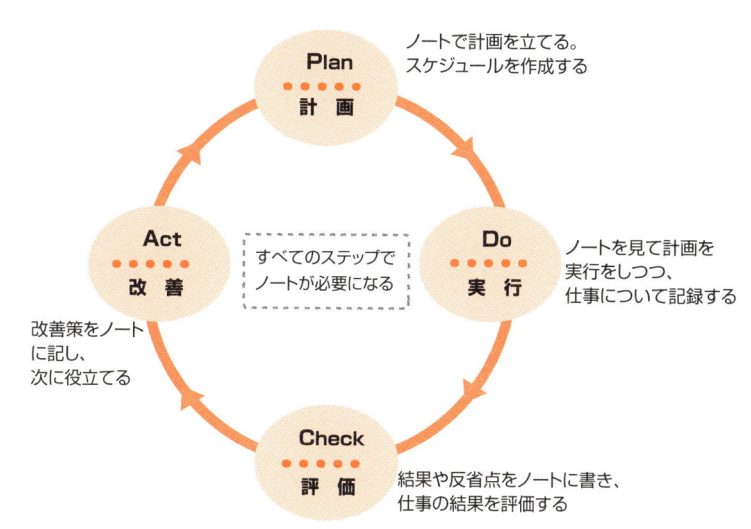

- **Plan 計画**: ノートで計画を立てる。スケジュールを作成する
- **Do 実行**: ノートを見て計画を実行をしつつ、仕事について記録する
- **Check 評価**: 結果や反省点をノートに書き、仕事の結果を評価する
- **Act 改善**: 改善策をノートに記し、次に役立てる

すべてのステップでノートが必要になる

3

手帳やメモ帳の情報もノートに集めて一元管理

情報はノートに集めよう

走り書きのメモの中にも、この先、必要になる大事な情報はあるはずです。大事なメモは、面倒でもノートに移動させる習慣をつけましょう。すると必要なときに何度でも読み返すことができ、忘れ去ることもなくなります。

メモ帳や手帳の大事な情報は、ノートに集める

手帳、メモ帳、パソコン、頭の中とあちこちに散らばっている情報は、1冊のノートに集約させましょう。それぞれの場所でストップさせたら、情報はいずれ埋もれてしまいます。大事な情報はノートへ移動させることが、活用への第一歩です。

●大事な情報、読み返す情報はノートへ移す

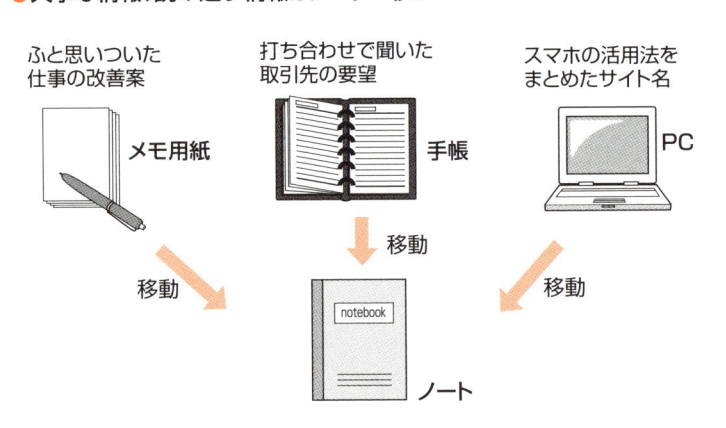

ふと思いついた仕事の改善案 → メモ用紙 → 移動

打ち合わせで聞いた取引先の要望 → 手帳 → 移動

スマホの活用法をまとめたサイト名 → PC → 移動

→ notebook ノート

メモ情報をノートに移動しよう

①書き写す

　メモをノートに書き写すのはオーソドックスな移動方法です。追加や補足があればついでに書き足し、読める字で書きましょう。なお転記する際も情報は箇条書きでかまいません。

②メモや資料をそのまま貼る

　書き写すのが面倒だったら、メモ用紙やふせんをそのまま貼ってもかまいません。特に図などは書き写すのが面倒なので、貼ってしまうのが楽です。負担にならない方法がベストです。

　紙の資料も大きなサイズは縮小コピーすれば貼れます。雑誌・新聞の切り抜きや広告、イベントのチケット、写真なども、貼ってはがせるテープ糊やマスキングテープを使って貼ってしまいましょう。

●メモ用紙や紙類はそのまま貼ると楽

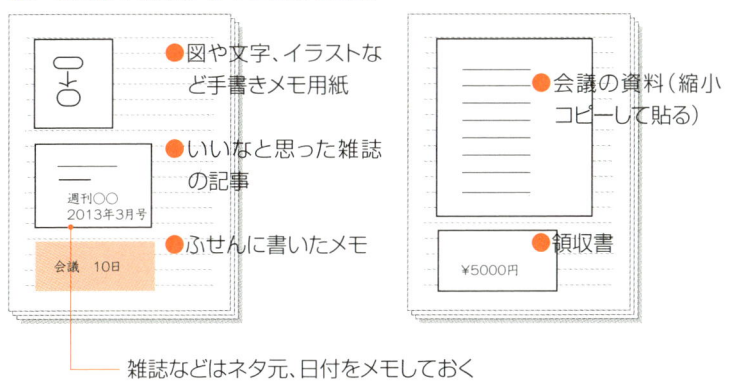

- ●図や文字、イラストなど手書きメモ用紙
- ●いいなと思った雑誌の記事
- ●ふせんに書いたメモ
- ●会議の資料（縮小コピーして貼る）
- ●領収書　¥5000円

雑誌などはネタ元、日付をメモしておく

4 ノートを書き時始める前に知っておきたいこと
ノートの基本ルール

　実際にノートを書くとなると、どうしたらいいのか戸惑うこともあると思います。基本を見てみましょう。

ノートは１冊から始めよう

　ノートは「案件」「顧客」などカテゴリー分けせず、１冊から始めましょう。ノートを書いていると「この情報はどのノートに分類したらいいんだろう？」という情報も多く、そのたびに悩むことになります。また無理矢理どれかに分類して書き込んでしまうと、後でどこに書いたのかわからなくなってしまいます。最初は１冊から始めて、「読書記録だけは分けたい」のように感じたら、そのノートを分けるといいでしょう。

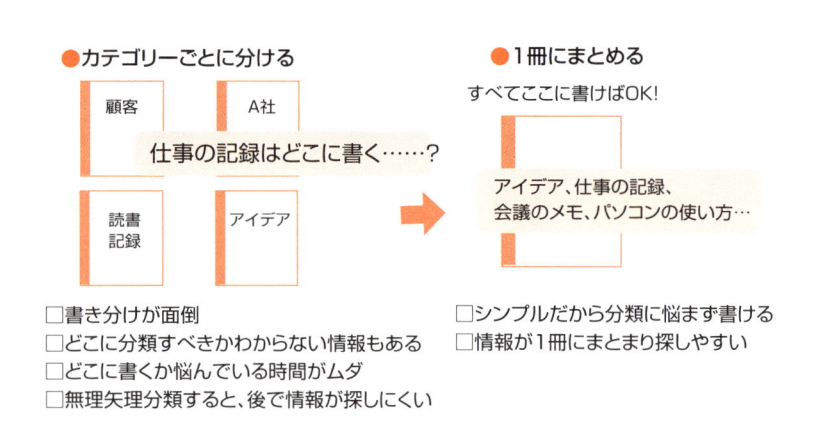

●カテゴリーごとに分ける

顧客	A社

仕事の記録はどこに書く……？

読書記録	アイデア

□書き分けが面倒
□どこに分類すべきかわからない情報もある
□どこに書くか悩んでいる時間がムダ
□無理矢理分類すると、後で情報が探しにくい

●１冊にまとめる

すべてここに書けばOK!

アイデア、仕事の記録、会議のメモ、パソコンの使い方…

□シンプルだから分類に悩まず書ける
□情報が１冊にまとまり探しやすい

ノートは最初のページから時系列で書いていく

　ノートは最初のページから順に書き込んでいきましょう。「会議」「企画」のように内容でページを分ける必要はありません。

　最初から順に書き込むと、情報が先頭のページから時系列で整理されます。インデックスや目次をつけることで、検索は問題なくできるはずです（54ページ参照）。また時系列で情報が並んでいると、「あれは4月のイベントの直前に書いたはず…」という記憶をたどって探せることもあります。

　目次を作る場合は最初2〜4ページあけて書き始めましょう。

ノートのページは自由に使おう

　ノートは縦にしたり横にしたり、内容によって好きな向きで使いましょう。横向きにすると、ホワイトボードや黒板の書き込みを見たまま書き写すことができます。またマインドマップは「横にしたほうが書きやすい」という人もいます。方眼罫や白無地のノートだと向きが気にならないし、同じページに縦書き・横書き混在させても問題ありません。

●ノートは縦・横自由に使う

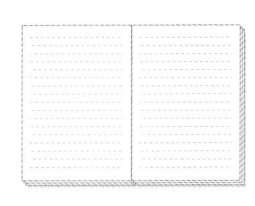

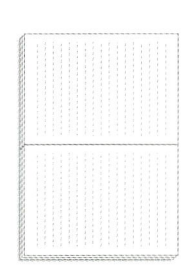

「方眼罫」や「ドットタイプ」のノートは、向きに縛られずにより自由に書ける

5

余白を残しながら書くのが大事なルール

ノートはゆったり書く

　ノートにはいろいろな内容の情報が詰め込まれます。後で読みやすく、情報が探しやすい書き方をする必要があります。

ノート記入の基本ルール・ゆったり書く

①ゆったり余白をもたせて書く

　ノートはページいっぱいにぎっしり文字を書き込まず、余白をたっぷり取りながら書くように努力してください。後で情報を追加、修正するためには、余白が必要だからです。また文字がぎっしり書かれたノートは読む気が起こりません。余白たっぷりにしたほうが確実に読みやすくなります。

　余白を多く取るには、あらかじめページに縦線を引いてしまうといいでしょう。また改行は多めにして、情報のまとまりごとに空白行を2〜3行入れてください。

②ページをまたがず、改ページする

　1つのトピックを書き終わったら、ページが余っていたとしても思い切って改ページしてください。互いに無関係の情報を1ページにいくつも詰め込まないほうが、情報が探しやすいのです。「もったいない」と1ページにあれこれ詰め込むと、読みにくく、情報を探しにくくなります。

③見開き2ページを基本単位と考える

見開き2ページが基本と考え、商談や打ち合わせなどでのまとまった書き込みは左ページから書き始めるルールにします。内容が一覧でき、見やすくなります。

④区切り線を引く

どうしても余白がもったいない場合は、情報を書き終わったら線を引き、トピックが変わることをはっきりさせましょう。

●ノートは余白を十分に持たせて書く

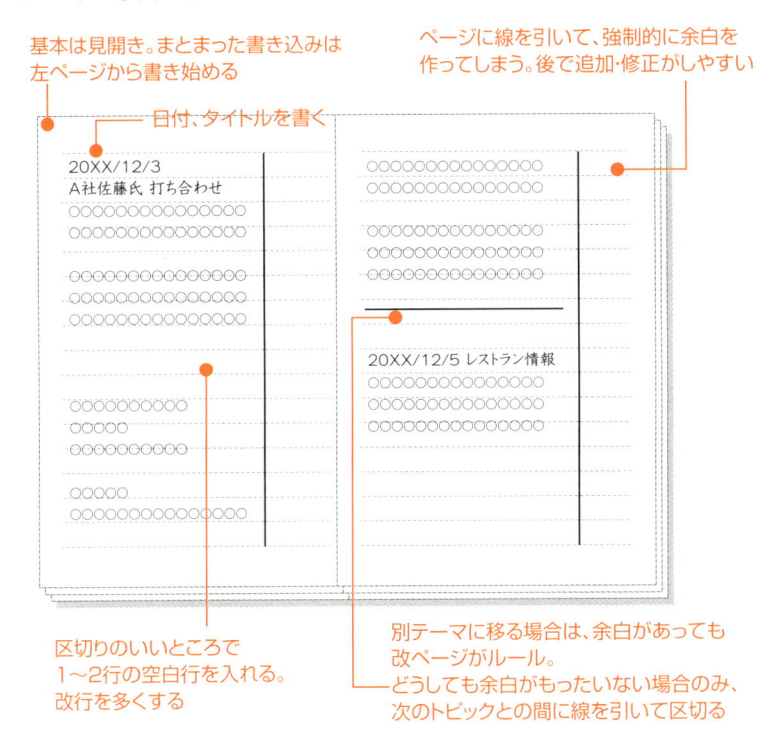

基本は見開き。まとまった書き込みは左ページから書き始める

ページに線を引いて、強制的に余白を作ってしまう。後で追加・修正がしやすい

日付、タイトルを書く

20XX/12/3
A社佐藤氏 打ち合わせ

20XX/12/5 レストラン情報

区切りのいいところで
1〜2行の空白行を入れる。
改行を多くする

別テーマに移る場合は、余白があっても改ページがルール。
どうしても余白がもったいない場合のみ、次のトピックとの間に線を引いて区切る

6 インデックスやもくじで情報を探しやすくする

検索性を高める工夫

　ノートにはたくさんの情報がジャンルを問わず詰め込まれるので、情報検索しやすくする工夫が必要です。ちょっとひと手間かけるだけで、検索は格段にスピードアップします。

情報検索の工夫

①記事に日付、タイトルを書く

　まず最初に日付を書きます。日付があれば、時間が経ってもいつ書かれたものかが明確です。西暦から書いてください。

　さらにノートを書き込んだら、必ず「5月企画会議」のように具体的なタイトルをつけましょう。

　なお日付やタイトルはノートの決まった場所に書くルールにすると、後で日付を元に情報を探すのが楽になります。

②ノートの肩にインデックスを書く

　ページのタイトルをページの肩（右上、左上）などに書くようにします。「9月出張報告」のようにタイトルを書いておけばいいでしょう。するとインデックスに集中してページをパラパラめくるだけで情報が探し出せます。

　インデックスは、ノートを書いたときについでに書いてしまうと面倒がありません。

③重要部分を目立たせる

　書き込みの中で、特に重要な部分は次のような方法で目立たせる工夫をしましょう。

・マーカーやカラーボールペンでアンダーラインを引く
・マーカーやカラーボールペンで丸く囲う
・赤など別の色で書く（時間の余裕がある場合）

　すると重要な部分がパッと見てわかります。簡単なことですが、これだけで重要部分の見落としが減るし、最短時間でアクセスして読み返すことができるようになるのです。

●情報検索をしやすくする工夫

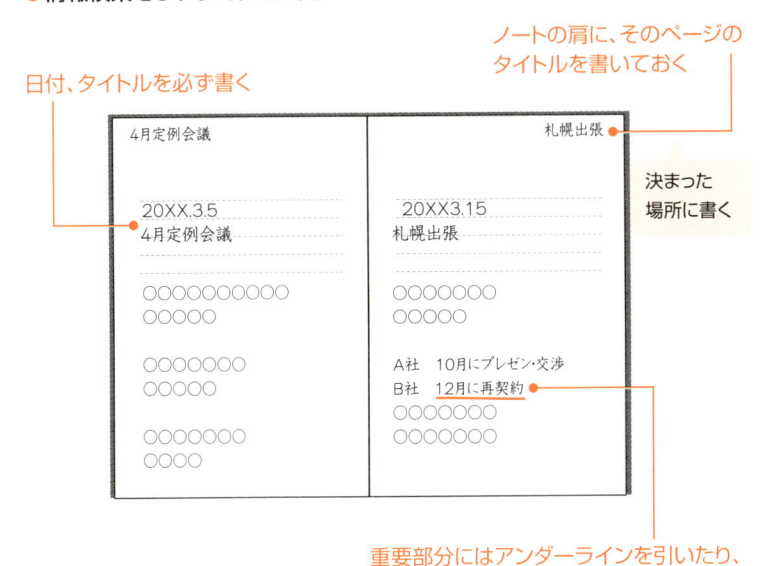

日付、タイトルを必ず書く

ノートの肩に、そのページのタイトルを書いておく

4月定例会議　　　　　　　　　　　　　　　札幌出張

20XX.3.5　　　　　　　20XX.3.15
4月定例会議　　　　　　札幌出張

決まった場所に書く

A社　10月にプレゼン・交渉
B社　12月に再契約

重要部分にはアンダーラインを引いたり、カラーペンで囲うなどして目立たせる

マーカーやマスキングテープでインデックスをつける

●カラーマーカーでページの端を塗る

　ノートにはいろいろな情報を頭から時系列で書いていくため、同じテーマやプロジェクトについての書き込みがあちこちに散らばる結果となります。そこで「Aプロジェクト＝赤」、「読書記録＝緑」のように色分けして、その内容が書かれたページの端に色を塗ります。テーマによって塗る位置（高さ）も変えると、より検索性が高まります。ただしすべてのページに色をつける必要はなく、特に必要なテーマのみ色を決めて塗ればOKです。

●カラーのシールやマスキングテープを使ってみる

　カラーペンを塗る替わりに、「赤●」「緑●」などのカラーの小さなシールや、マスキングテープを貼ってもいいでしょう。

●内容で色分けしてページの端を塗る

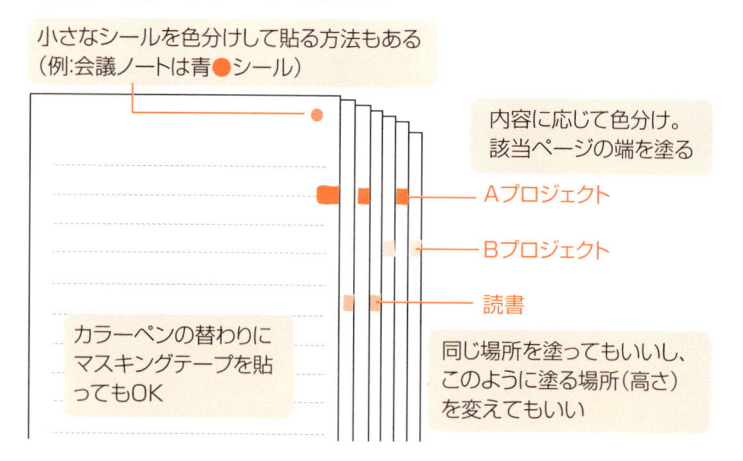

小さなシールを色分けして貼る方法もある
（例:会議ノートは青●シール）

内容に応じて色分け。
該当ページの端を塗る

Aプロジェクト

Bプロジェクト

読書

カラーペンの替わりに
マスキングテープを貼
ってもOK

同じ場所を塗ってもいいし、
このように塗る場所（高さ）
を変えてもいい

Part2 ●ノートの基本　今と将来のためにドシドシ書くべし

目次を作る

　各ページにページ番号をふって、本のように最初に目次を作ってしまいましょう。するとどこに何が書かれているのか、目次を見るだけでわかります。特にページ数の多いノートは、目次をつくると情報検索が楽になります。

　また追加情報が別のページに書かれている際に「→8ページ参照」のように参照先を書くことが可能になります。

　目次を作成するためには、ノートの最初2～4ページ程度を白紙にしておきましょう。

　ページ番号は情報を書いたときについでに書き、目次も追加していくと簡単です。

●もくじを作る

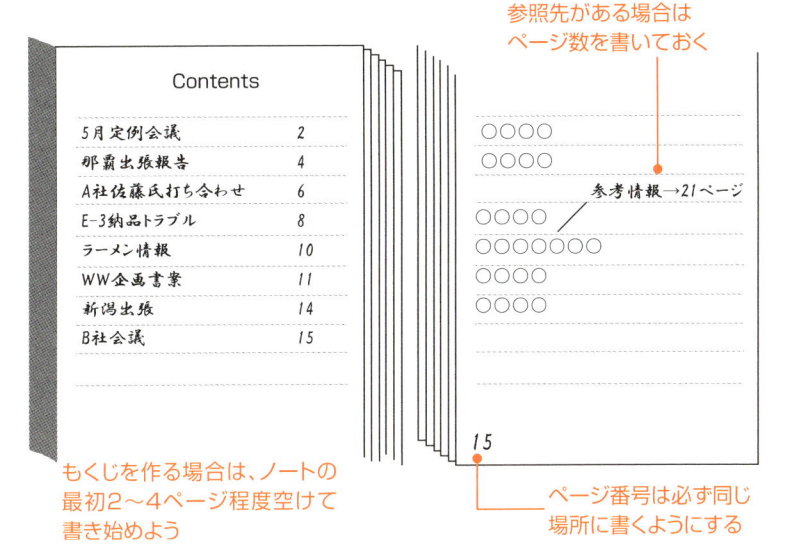

Contents

5月定例会議	2
那覇出張報告	4
A社佐藤氏打ち合わせ	6
E-3納品トラブル	8
ラーメン情報	10
WW企画書案	11
新潟出張	14
B社会議	15

もくじを作る場合は、ノートの最初2～4ページ程度空けて書き始めよう

参照先がある場合はページ数を書いておく

参考情報→21ページ

15

ページ番号は必ず同じ場所に書くようにする

7 ノートのための超シンプル文章術①
箇条書きで情報をまとめる

　ノートを書くとき、うまく文章にまとめようとすると膨大な時間がかかります。忙しいビジネスパーソンにそんな余裕はないはずです。でも心配はいりません。ノートは文章ではなく、箇条書きで書けばいいのです。

文章ではなく、箇条書きでOK

　ノートを書くときは、「箇条書きでいいのだ」と気軽に考えてください。文章を書く必要はありません。

　会議や取材でノートを書くときも、走り書きのメモを後でまとめ直すときも、単語やフレーズの箇条書きでOKです。

　箇条書きだと、書くスピードは格段に上がります。余計な情報がないので、見た目もスッキリして読みやすくなります。それにぱっと見ただけで内容を理解することができます。

　いっぽう文章は書くのにも読むのにも時間がかかります。ポイントがどこなのか、最初から通して読まないとわかりません。

　さらに文字ぎっしりのノートは読む気がしません。これではせっかくのノートを開く機会が減ってしまいます。

　つまりノートは箇条書きでもいい、というより箇条書きのほうがいいのです。文章トレーニングをしたい場合を除き、情報は箇条書きでノートに書きましょう。

Part2 ●ノートの基本　今と将来のためにドシドシ書くべし

箇条書きで情報を整理する

　個条書きにすると、書きながら頭の中でどんどん情報が整理されていきます。必要な情報を書きもらすことも減るはずです。

●ノートは箇条書きで書く

A社で聞いた話を手帳にメモ

> コンパクト
> 今音うるさい　静かなの
> 1～1.5／月　～×　　メンテ希

このままだと後でわかりにくい。
情報を補足しながらノートに転記。
ただし箇条書きでOK

ノートに書き移す

- コンパクトサイズ希望
- 現在使用中のものは音がうるさいので静かなものがよい
- 予算は月1～1.5万円　これ以上なら不要
- メンテナンスも依頼したい

●箇条書きで情報を整理する

リストアップ
無料で提供する品物
- ☐ ティッシュ
- ☐ うちわ
- ☐ 麦茶
- ☐ 飴

手順や流れを表す
ミキサーの使い方
1) スイッチを入れる
2) メニューを選ぶ
3) 果物を入れる
4) 開始ボタンを押す

情報を整理する
- 商品名:AP-1
- 対象:20～40代男性
- 販売価格: 2,000円
- 売上目標:5,000個
- 販売地域:東京都、埼玉県

☐ 流れや順位を表す場合は番号をふる。(1)(2)(3)など
☐ 複雑な情報を箇条書きにする場合は階層をつける
☐ 文頭に「･」「●」「☐」などの決まった記号をつける

8 ノートのための超シンプル文章術②
結論を先に書く

「結論を最初に書く」はビジネス文書の常識です。冒頭を読むだけで結論がわかり、効率がいいからです。ノートもそれにならい、可能な限り結論を先に書きましょう。

まず結論を明らかにする

ダラダラ書いていると、結局、結論を書かないままに終わってしまうことがままあります。そこで結論を最初に持ってくるルールにすると、「結論は何なのか？」を必ず意識することになるので、結論があいまいになりません。

報告書などのビジネス文書では、「結論を先に書く」のが基本ルールです。日頃からノートでもこのルールにならっていると、結論を先に書くトレーニングになるはずです。

「結・承・転・提」で書く

ただしビジネスでは、ただ結論を書いて終わりではいけません。今回の結果から、今後どうするかという提案のステップが必要なのです。それを意識した書き方が「結・承・転・提」です。

学校では「文章を書くときは『起・承・転・結』を意識しろ」と教わったと思います。しかし効率と改善が求められるビジネスの世界では、「結・承・転・提」で書くのがベストです。

●「結・承・転・提」で書く

結 結ぶ
結論を初めに持ってくる。最初の1文で結論を書いてしまう。

例　B氏との交渉は成立しなかった。

承 承ける
なぜその結論に至ったのか、経緯などを書く。

例　理由は、C社との契約手続きがすでに進んでいるため。
　　当社との交渉の席に着く気はないとのこと。

転 転じる
前の「承」ついて、さらに詳しく書く。

例　C社と契約に至った理由は、C社の提示した報酬額が当社
　　より高かったから。また営業の対応がよかったとのこと

提 提案する
今後に向けた改善策や提案を書く。

例　報酬額の相場をよく調べて提案する。
　　顧客を満足させる営業術を学ぶ。

他の人に読んでもらう報告書やメールはもちろん、自分のためのノートでも「結承転提」を意識して書くようにする

9 ノートのための超シンプル文章術③

短い文でシンプルに書く

　ノートには上手な文を書く必要はありません。下手でもまったくかまいません。ただし情報が正確に読み取れるか、ということだけは意識するようにしてください。

文は短くシンプルに。接続詞は気にしない

　文は短くシンプルに書きましょう。1つの文に主語は1つが理想。文が長くなると情報が理解しにくく、読むときにも負担を感じます。「……だが」「……であり」などで、文を長くしすぎないようにしましょう。

　「しかし」「そして」「さらに」「また」「および」といった接続詞は多すぎるとくどくなりますが、無理に減らす必要もありません。接続詞によって、全体の流れがわかりやすくなるという面もあるからです。ノートは基本、自分が読むものですから、そこまで気を使う必要はそもそもないのです。

> ✕ A社からの依頼で商品説明を行なったが、A社がサンプルを使用してみたいとのことで、最新型を提供したが、回答は八月末にくれるとのこと。

> 〇 A社からの依頼で商品説明を行なった。A社がサンプルを使用してみたいとのことで、最新型を提供。回答は八月末にくれるとのこと。

あいまいな表現は避ける

読み返したときに意味を取り違えることなく、正確に理解できるように書いてください。

たとえば「間違っていないとは思わない」と書くよりも「間違っている」と書いたほうがわかりやすいはずです。

また数字が入れられる場合は数字を入れるなどして、具体的にイメージできるように書くといいでしょう。

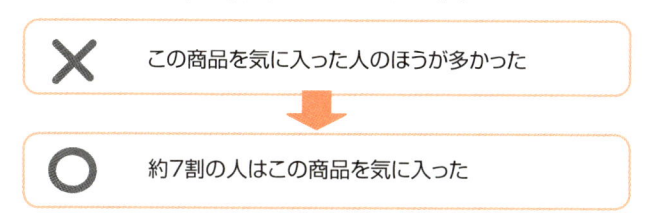

> ✗ この商品を気に入った人のほうが多かった
>
> ○ 約7割の人はこの商品を気に入った

改行は多めにする

できるだけ改行は多めにします。また段落が変わるときは、必ず1～3行程度の空白行を入れてください。余白が多いと見た目がスッキリして、ずっと読みやすくなります。

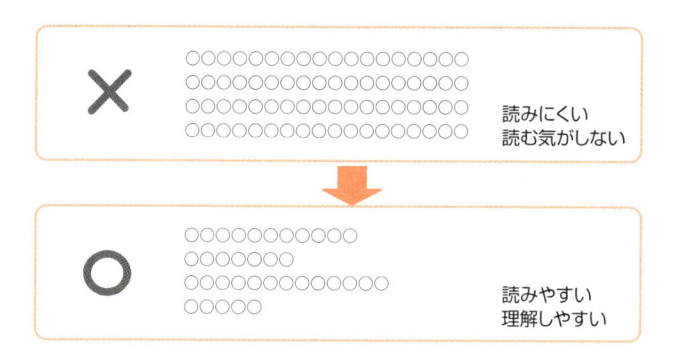

> ✗ ○○○○○○○○○○○○○○○○○○○○
> 　　○○○○○○○○○○○○○○○○○○○○
> 　　○○○○○○○○○○○○○○○○○○○○　読みにくい
> 　　○○○○○○○○○○○○○○○○○○○○　読む気がしない
>
> ○ ○○○○○○○○○○○○
> 　　○○○○○○○
> 　　○○○○○○○○○○○　読みやすい
> 　　○○○○○　理解しやすい

10 ラインで分割するとノートが書きやすくなる
ノートにラインを引いて書く

ラインを引いて補足スペースを確保する

　ノートには右図のように、あらかじめ縦や横のラインを引いておくことをおすすめします。ノートには後で情報を追加・修正することが多いので、あらかじめラインを引いて、そのためのスペースを取っておくのです。これによって、ノートが書きやすく、読みやすくなります。

　また単なる追記のためのスペースではなく、キーワードやポイントをを書き出したり、不明な部分をここに書き出しておいて後で調べる、といった使い方もできます。

ページを三分割する「コーネル式」

　社会人になっても、資格試験や昇進試験のため、講義やセミナーに参加して勉強する機会はあるものです。こんなときは「コーネル式」というノート術を応用してみましょう。

　コーネル式は右のようにページを三分割するノート術です。それぞれの場所には書くことが決まっています。パターン化して書くことで、読み返しやすく復習しやすいノートができあがるのです。コーネル式は効率よく講義の内容を消化吸収し、後で復習するのに適しています。もとは大学で使われていたものですが、最近はビジネスパーソンも注目のノート術です。

Part2 ●ノートの基本　今と将来のためにドシドシ書くべし

●ラインを引いて補足スペースを確保する

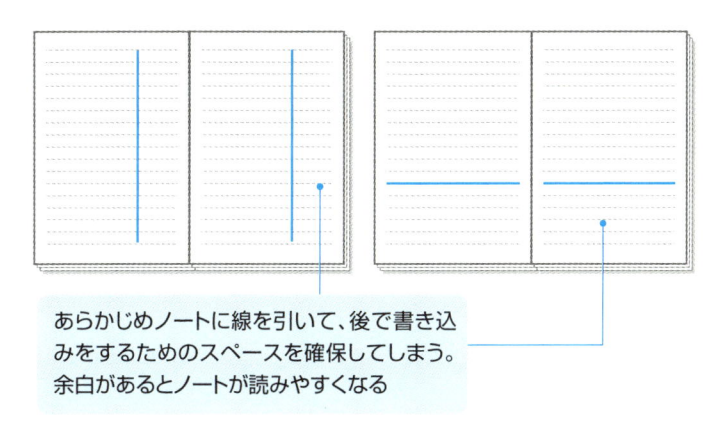

あらかじめノートに線を引いて、後で書き込みをするためのスペースを確保してしまう。余白があるとノートが読みやすくなる

●コーネルメソッド

議事録や講義ノートなどに幅広く使えるノート術

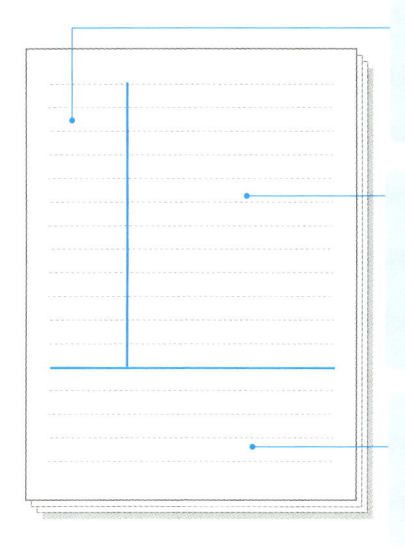

キーワード欄
キーワード、疑問点を書く。ここを読むとノートに何が書かれているのかわかる。話が終わった後すぐに書く

ノート欄
話を聞きながら、ここにポイントをメモ。キーワードの箇条書きでOK。略語を取り入れながら書く。話の切れ目には空白行を入れて、追加で書き込みができるようにしておく

サマリー欄
話の後に、ページごとにノート欄のポイントをまとめる。後で読み返したり、復習したりするときにここを見る

11

追加・変更情報は、必ず元情報にリンクさせよう

情報を追加・修正する方法

　いったんノートに書いた情報は、後からどんどん追加・修正して内容を充実させていきましょう。なお、その際には次のような点に注意してください

必ず元とは違うペン、目立つペンで書く

　元の情報とは違うペンを使って書くと、追加・修正したことが一目でわかります。たとえば元を鉛筆で書いた場合、修正はカラーペンを使う、といったようにです。特に重要な追加情報や変更は、赤ペンなどのカラーペンで書くとよく目立ちます。

　また塗りつぶしたり完全に消すのではなく、二重線で消しておくと、後になって元の情報が見たくなったときに安心です。

修正が増えてきたらまとめ直す

　ノートの内容によっては、追加・修正がたびたび生じることもあるでしょう。こんなときは躊躇せず、どんどん情報を書き足してください。

　ただし追加・修正の回数が増えてくると、書き込みがごちゃごちゃして読みにくいし、間違いのもとになります。そこで情報を整理して新しいページに書き直したり、パソコンでまとめ直してプリントして貼るといいでしょう。

参照先を必ず書いておく

　追加・修正がページ内に収まらないので別ページに書く、ということもあると思います。別ページに関連情報を書く場合は、古い情報に「変更あり。→○ページ」のように書くのを忘れないでください。そのためにはノートにページ番号をふっておくと、参照先が書きやすくなります。

　何もしないと追加や変更が別ページにあることがわからずに、古い情報だけを参照してしまいかねません。要注意です。

●別ページにある参照先は必ずリンクさせる

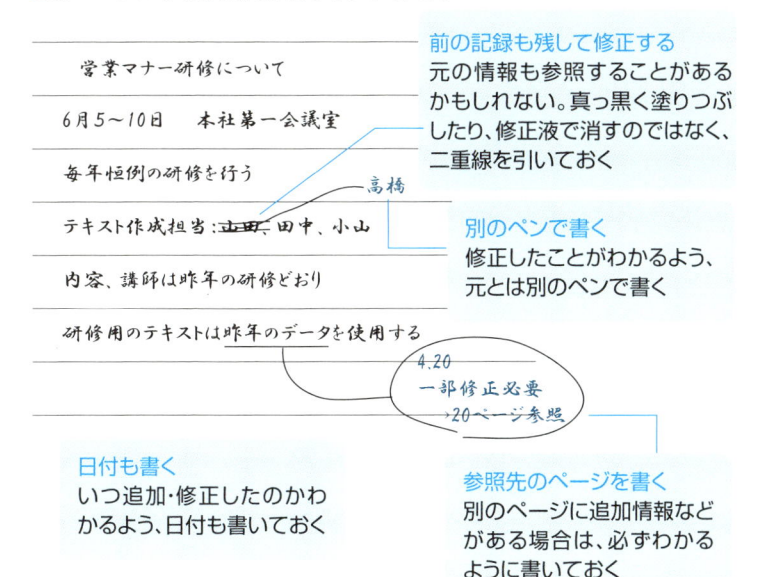

営業マナー研修について
6月5〜10日　本社第一会議室
毎年恒例の研修を行う
テキスト作成担当：~~古田~~ 高橋、田中、小山
内容、講師は昨年の研修どおり
研修用のテキストは昨年のデータを使用する
4.20
一部修正必要
→20ページ参照

前の記録も残して修正する
元の情報も参照することがあるかもしれない。真っ黒く塗りつぶしたり、修正液で消すのではなく、二重線を引いておく

別のペンで書く
修正したことがわかるよう、元とは別のペンで書く

日付も書く
いつ追加・修正したのかわかるよう、日付も書いておく

参照先のページを書く
別のページに追加情報などがある場合は、必ずわかるように書いておく

　修正が増えてきたら、改めて別ページにまとめ直したり、
　パソコンでまとめ直してプリントして貼る。

12 パソコンの情報を貼りつける

大事な情報はプリントして貼ると忘れない

　パソコンの中にあるデータやブックマークされたサイトは、そのままだとなかなか見る機会が作れません。最終的には、存在すら忘れてしまいます。そこで再び見る機会が作れるように、一部をノートに移動させてみましょう。

パソコンの情報をプリントして貼る

　大事な情報や活用したい情報がパソコンにある場合、存在を忘れないよう、次の方法でノートに情報を移動させましょう。

●ノートや手帳に書いておく

　ファイル名やURL、その内容を簡単にノートに書いておきます。すると必要になったときに存在を思い出し、データを探すという行動が取れるはずです。

●プリントしてノートに貼る

　ポイントのみプリントしてノートに貼っておきます。アナログな方法ですが情報が確実に「見える化」するので、読み直す機会が増えるはずです。ノートならすきま時間に何度でも読めるし、じっくり読めるので理解も記憶もしやすくなります。マーカーを塗ったりアンダーラインを引いたりも気軽にできます。

Part2 ● ノートの基本　今と将来のためにドシドシ書くべし

● 情報を自分流に編集・加工してノートに移動させる

「スマートフォン活用術」が調べたい！

インターネットで検索

⬇

たくさんの情報がヒット（ブログ、ウェブサイト…）
ブックマーク、ダウンロードで保存（一時情報）

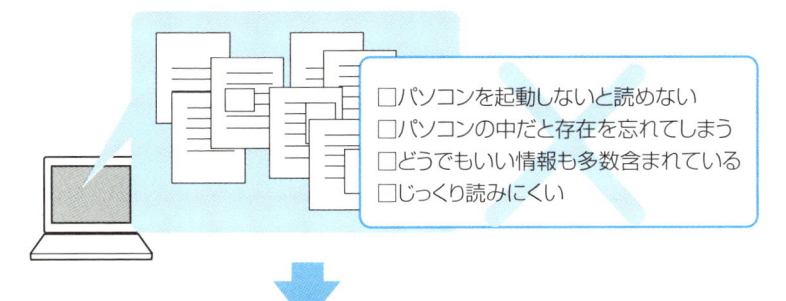

- □ パソコンを起動しないと読めない
- □ パソコンの中だと存在を忘れてしまう
- □ どうでもいい情報も多数含まれている
- □ じっくり読みにくい

⬇

ざっと読み、不要な部分は削除。
ポイントのみ1つのファイルにまとめ、プリントアウト

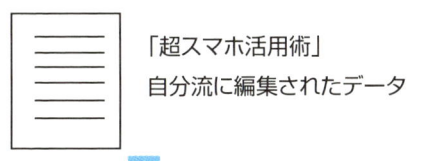

「超スマホ活用術」
自分流に編集されたデータ

⬇

プリントしてノートに貼る

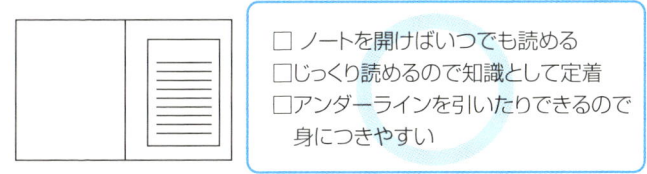

- □ ノートを開けばいつでも読める
- □ じっくり読めるので知識として定着
- □ アンダーラインを引いたりできるので身につきやすい

13

罫線、サイズ、厚さ、綴じ方、表紙

自分に会ったノートを選ぼう

　ノートといえば学生時代に使ったキャンパスノートのイメージがありますが、現在その種類は実にバラエティに富んでいます。「どんな場面で使うのか？」をよく考えて自分に合ったものを選ぶと、ノートを書く機会はぐんと増えるはずです。

ノート選びのポイント①　サイズ

　サイズ選びはとても重要です。大きいとたくさん書けるし、小さいと持ち歩くのに便利です。自分の用途をよく考えて、合うものを選んでください。

● B5サイズ
一般的なノートサイズ。たっぷり書き込め、机上棚のファイルボックスにも収納できる。基本デスクで書く人向き。

● A5サイズ
小ぶりで携帯にも向くが、書き込みも十分できる。開いてコピーするとA4サイズになるのもポイント。

● A6サイズ
B5よりひと回り小さい文庫サイズ。コンパクトで携帯向き。

● A7サイズ
上着のポケットに入るサイズ。書き込める量が少ないので、外出先でのメモ帳としての使い方が向いている。

ノート選びのポイント②　罫線の幅

　罫線の幅は6〜7ミリがスタンダード。書きやすい幅を選べばOKです。ただし字が小さいから幅の細いもの、大きいから幅の太いものというわけでもありません。字の小さい人が太い幅を選んでゆったり書く、字の大きい人が幅の狭いものを選んで1行おきに書くと読みやすくなります。

　どちらにしてもページが文字でぎっしりにならず、いかに余白を持たせて書くかが大事なのです。

●5mm幅（C罫）
幅が狭いので、1行おきに書くと文字が読みやすい。そうしないと文字ぎっしり。5mmとキリがいい数字なので、表やグラフが描きやすい。

サイズ選びはとても	↕5mm
重要です。大きいとたくさん書	
けるし、小さいと持ち歩くのに	

●6mm幅（B罫）
狭すぎず広すぎないスタンダードな幅。文字が大きな人は1行おきで書くのがベター。

サイズ選びはとても	↕6mm
重要です。大きいとたくさん書	

●7mmm幅〜（A罫）
幅が広いので、小さな文字の人なら1行おきに書かなくてもそれほど窮屈感がない。

サイズ選びはとても	↕7mm
重要です。大きいとたくさん書	
けるし、小さいと持ち歩くのに	

ノート選びのポイント③　ページの種類

●方眼罫

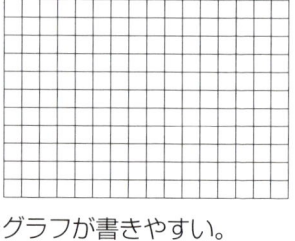

・主流は5mm幅。
・図解やグラフがフリーハンドでも書きやすい。
・縦にしても横にしても使える。
・縦書きも横書きもOK。
・5mm幅は数字のキリが良いため、表やグラフが書きやすい。
・資料を貼りつけるとき、升目に沿ってはるときれいに貼れる

●白無地

・図やイラストが書きやすい。
・自由度が高すぎて、文字だけのノートは若干書きにくい。
・アイデアをふくらませて書くマインドマップなどに向いている。

●ドット入り罫線

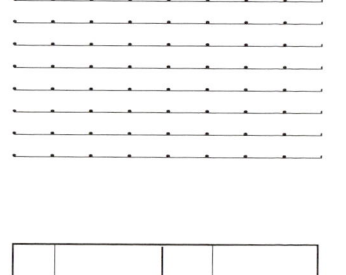

・文字、図解どちらも書きやすい。
・文頭を揃えて文字が書ける。
・図やグラフがフリーハンドできれいに書ける。
・最近人気のタイプ。

●個性派ノート

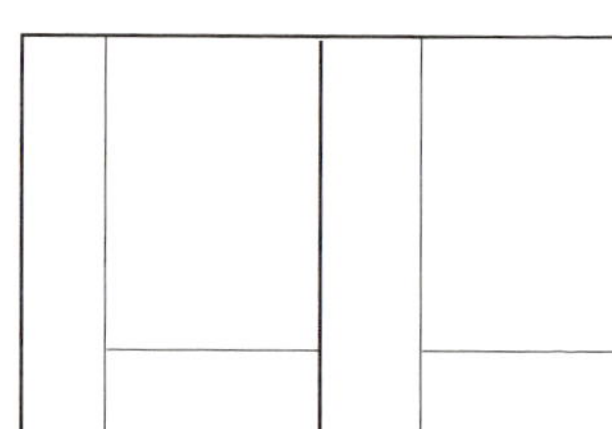

　コーネル式の分割線が印刷されたノートなど。あらかじめ罫線等が印刷され、用途を絞ったノートが続々発売されている。

Part2 ●ノートの基本　今と将来のためにドシドシ書くべし

ノート選びのポイント③　製本

●無線綴じ

・背を糊で固めた製本。
・安いノートに多い。
・製本状態が悪いとページが抜け落ちることもある。

●中綴じ

・中心を糸で綴じた製本。
・ページを破ると反対側も取れてしまう。
・開いて置いておくと閉じてしまうことがあるので、会議の間など開いたままにしておきたいときには少々不便。

●リングタイプ

・リングで綴じた製本。
・上にリングがついた縦開き、横についた横開きがある。
・ページが360度開く。
・開いたままでも閉じないので、ノートを見ながら作業しやすい。
・手に持ったり、立ったままでも書きやすい。
・ページが破りやすい。
・リング部分に細いペンを刺せる。
・左ページに書き込むときや、書棚に整理するときにリングが邪魔になることがある。
・背表紙がつけられない。
・らせん状のスパイラルリングは開くと左右のページがややずれる。

ノート選び③　厚さ

●薄いノート

・書き終わった達成感が早く得られる。
・飽きっぽい人にはおすすめ。

●厚いノート

・高級ノートに多いタイプ。
・長く使うことになるので愛着がわく。
・本を書き上げたかのような達成感が味わえる。
・余白を多く取ってどんどん書き進めても、まだまだページがあるという安心感がある。
・なかなか書き終わらないので飽きる。
・高級ノートは余白をたくさん取るのがもったいないという気持ちが起き、ついついぎっしり文字を書いてしまう。

ノートの余白には好きなものを貼ろう

　ノートはトピックが変わったら改ページして書くのが基本です。また、まとまった書き込みは左ページから書き始めたいので、前の右ページが白のままということもあるかもしれません。

　「ページが白のままなんてもったいない」と感じるなら、雑誌の切り抜きや映画のチケット、面白い広告など、何かを貼って埋めるともったいない感が薄まります。仕事に関係ないものであれば、ページをさかのぼって貼っても問題はありません。

　「後で何かで埋めればいいや」という気持ちで、どんどん改ページしてしまいましょう。

試してみたい個性派＆高級ノート

1冊100円のノートが広く使われる一方で、ワンランク上を目指す高級ノート、個性派ノートも多くのファンを獲得しています。ぜひこだわりの1冊を見つけてください。

☐ モレスキン

高級ノートと言えばモレスキンというくらい、ビジネスパーソンの支持を集める人気ノート。ハードカバーの丈夫な作りで、ページ数も多い。ページがパラパラ開かないゴムバンド付き。

☐ MDノート（ミドリ）

紙質がよく書きやすさにこだわったシンプルなノート。文庫サイズの無罫といった種類もある。製本がしっかりしていて、紐のしおりがついている。表紙が硬すぎないのもポイント。

☐ ニーモシネ（マルマン）

ビジネスパーソン向け。5ミリ方眼罫ノートは用紙の上部にタイトルとナンバー欄、両サイドはページの端まで罫線が入っている。ミシン目入りで、切り取ってスキャンするときなどに便利。

☐ ツバメノート

長い歴史を持つスタンダードなノート。書き心地には定評があり、糸綴じだが丈夫でページ数も多い。1冊数百円からと価格も手頃で、高コストパフォーマンスを誇る。

☐ トラベラーズノート（ミドリ）

使い込むほどに味が出る牛革素材のカバーにくるまれ、中身はとてもシンプルな高級ノート。カバーに留められたゴムでノートリフィルをはさんで使う。映画のチケットや航空券などを挟み込める。

ノートや手帳と使いたい100円グッズ

100円ショップは、メモ帳やスケジュール帳、ふせんはもちろん、100均ならではのアイデアグッズなど豊富な品ぞろえで奮闘しています。中でも高級ブランドの人気商品を100円で再現しようとした（？）ラインナップには注目です。大型店舗では次のような商品に出合えるかもしれません。ぜひ活用してみてください。

●**レザー風バンド付きノート**
ダイソーで販売された「モレスキン」風ノート。通称「ダイスキン」。一時期話題をさらった。

●**ロディア風メモ帳**
0.5mm方眼タイプ、ミシン目入りの「ロディア風」メモ帳。

●**ミニスタンプ**
超ミニサイズのスタンプ。スケジュール帳に押して使える。ミニスタンプ台も100円。カラーで押すと楽しい手帳になる。

●**システム手帳&リフィル**
バインダーは315円。ミニ六穴、バイブルサイズなどがある。

●**クリップペンホルダー**
手帳の表紙などに差し込んで使うことができる。

●**極細半透明ふせん**
フィルム素材のふせん。薄くて手帳にぴったり。

●**ページストッパー**
本やノートの開いたページを閉じないように押さえておける。

●**ポケットステッカー**
ノートにポケットを貼りつけると、名刺やカード、ふせん、シール、メモ用紙などが収納できる。

●**ファスナーペンケースバンド**
バンドで手帳を止めるだけでなく、ペンケースとしても使える。

Part 3

手帳の基本

段取りがよくなるスケジューリング

1 スケジュール管理だけが手帳の仕事ではない

手帳の機能を存分に活用する

　手帳は常に持ち歩いているから、いつでもどこでもメモできます。そして1分、2分のすきま時間があれば、いつでもどこでも読み返すことができます。こんな手帳のメリットを活かして、メモツールとしてもどんどん活用しましょう。

メモも手帳の大事な役割

　手帳の主な仕事はスケジュール管理ですが、それ以外に「情報のメモ」「TODOの管理」「情報の保管」にも欠かせません。「1年の目標を書く」「日記を書く」のにもぴったりです。

●手帳の役割

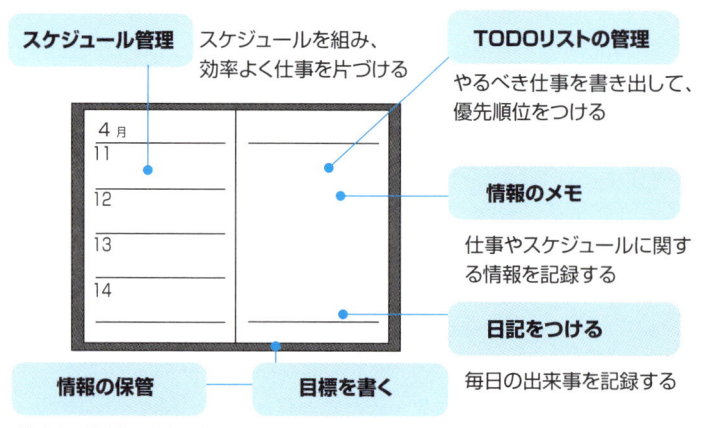

スケジュール管理 スケジュールを組み、効率よく仕事を片づける

TODOリストの管理 やるべき仕事を書き出して、優先順位をつける

情報のメモ 仕事やスケジュールに関する情報を記録する

日記をつける 毎日の出来事を記録する

情報の保管 備忘録、資料など常に持ち歩きたい情報を書く、挟む、綴じる

目標を書く

Part3 ●手帳の基本　段取りがよくなるスケジューリング

手帳に何をメモするのか

「スケジュールが書かれている」「常に持ち歩く」という特徴を持つ手帳にメモしたいのは、主に次のような情報です。

●スケジュールに関する情報

スケジュール欄に「会議　10時〜」と書いたらメモ欄に「資料10部用意」と書くなど、スケジュール関連情報をメモします。スケジュールと照らし合わせて見ることができます。

●何度でも読み返したい情報

「仕事のノウハウ」「今年の目標」「好きな名言」などを書いておくと、すきま時間に何度でも読み返すことができます。

●外出先で読みたい情報

訪問先への行き方など、主に外出先で必要になる情報です。

● TODO リスト

スケジュールと照らし合わせながら作成・チェックできます。

●手帳にメモしたい情報

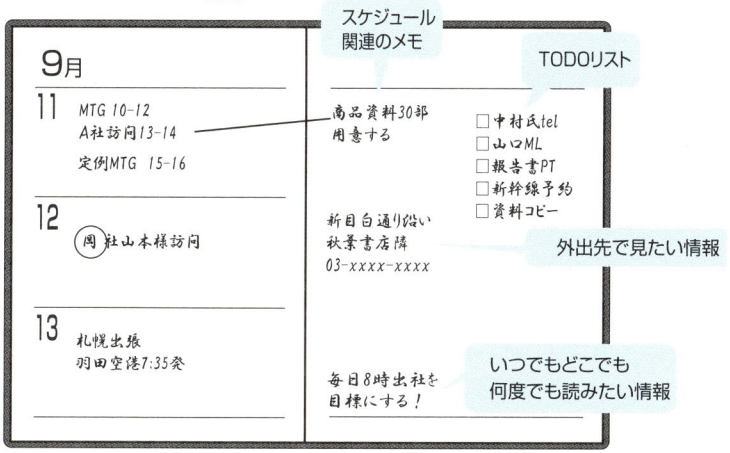

```
9月
11  MTG 10-12
    A社訪問13-14
    定例MTG 15-16

12
    ㊖社山本様訪問

13  札幌出張
    羽田空港7:35発
```

スケジュール関連のメモ
- 商品資料30部用意する
- 新目白通り沿い 秋葉書店前 03-xxxx-xxxx
- 毎日8時出社を目標にする！

TODOリスト
- □ 中村氏tel
- □ 山口ML
- □ 報告書PT
- □ 新幹線予約
- □ 資料コピー

外出先で見たい情報

いつでもどこでも何度でも読みたい情報

2

限りある時間を有効に使うには手帳が不可欠

タイムマネジメントの意味

　1日は24時間しかありません。限りある時間を最大限有効に使って仕事で最高の成果を上げるには、手帳を使ったタイムマネジメントが欠かせません。

限りある時間を最大限に使える

　スケジュールは頭の中でやりくりしていて、手帳は気が向いたときだけ書く、という人もいると思います。でもその習慣は改めましょう。どんな人でも、最小の苦労で最大の成果を上げたい、仕事もプライベートも充実させたい、と思うでしょう。

　1日は24時間しかありません。フル活用できるように、手帳を使ったタイムマネジメントに取り組んでください。

●手帳で評価アップを目指そう

手帳を活用しない人	手帳を活用できる人
□納期が守れない □楽な仕事から手をつける □仕事にやたらと時間がかかる □スケジュール上のミスが多い □ムダに残業が多い □なぜか信頼されない	□納期は常に厳守 □優先順位を考えて仕取り組む □スケジュール上のミスがない □最短の時間で仕事が終わる □プライベートも楽しんでいる □周囲からの信頼されている

スケジューリングで注意すべき点

●余裕のあるスケジュールを組む
1時間かかる仕事に1時間15分取るなど作業時間は少し余裕を持って見積もると、スケジュールが押したときにも安心。

●前倒しで予定を組む
スケジュールに余裕を持たせたうえで、前倒しで進める。気持ちに余裕ができるし、急な割込み仕事にも余裕で対応できる。

●納期から逆算して、スケジュールを決める
最終的な納期を明確にしたうえで、納期から逆算して、納期に間に合うようにスケジュールに落とし込む。

●大きな仕事はいくつかに分解する
大きな仕事はいくつかに分割して、スケジュールを組む。それぞれにゴールができることによって、集中力がアップする。

●スケジュールは柔軟に組み直す
新しい仕事が入ったり、日時が変更になったりは日常茶飯事。そのたびにスケジュールを見直して、柔軟に対応しよう。

●自分一人でする仕事も手帳に書く
資料作成など一人でする仕事も「何を、いつやるか」を明確にしてスケジュール欄に記入して取り組む。スケジュール欄を空白にしていると、まるで「やることがない」かのように錯覚してしまう。

●関係者のスケジュールも手帳に書く
上司や取引先担当者、家族の予定など、自分に関係するスケジュールは手帳に書いて把握しておく。

3 手帳で仕事もプライベートも充実する
タイムマネジメントのメリット

　いつ、どんな仕事をするのか決めて、手帳に書き込むスケジューリングは面倒なもの。でも、それだけのメリットがあるのです。

なぜ手帳でタイムマネジメントをするのか

メリット①　安心して忘れられる

　予定は今日、明日だけではなく、来月、半年先、1年先まで入っています。すべてを覚えておくのは絶対にムリ。そこで「手帳」という外部記憶装置に記憶をお願いするのです。必要なときにいつでも読み返すことができるし、1年先の予定でも、手帳を見れば間違えることはありません。

メリット②　効率よく、集中して仕事に取りかかれる

　納期をはっきりさせたうえで、「何をいつやるのか」を決めておくので、締め切り間際に慌てることがなくなります。

　また「この仕事は5日まで！」という「目標」が明確になることで、モチベーションが上がり集中力がアップします。

ゴール（納期）を設定して、やる気を出す！

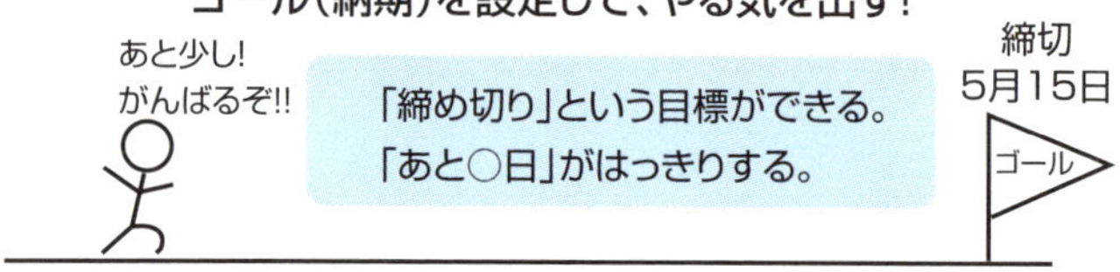

あと少し！
がんばるぞ!!

「締め切り」という目標ができる。
「あと○日」がはっきりする。

締切
5月15日
ゴール

メリット③　プライベートも充実する

オンとオフをうまく切り替えながら、仕事とプライベートの好循環を作り出せます。

プライベートの時間にやることがない人ほどダラダラ会社に居残って、おしゃべりやネットで時間をつぶし。いっぽうプライベートが充実している人は、何とか仕事を終わらせようと集中して取り組みます。結果として仕事の成果も上がり、残業も少なくなって自分の自由な時間ができるのです。

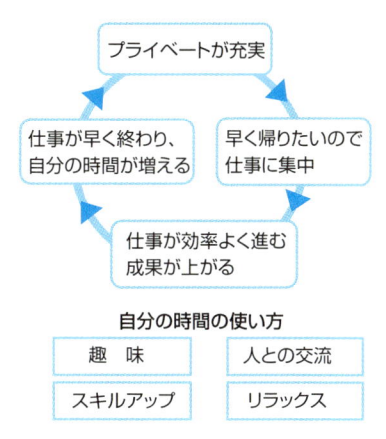

```
プライベートが充実
  ↓
早く帰りたいので仕事に集中
  ↓
仕事が効率よく進む 成果が上がる
  ↓
仕事が早く終わり、自分の時間が増える
  ↑
```

自分の時間の使い方

趣　味	人との交流
スキルアップ	リラックス

メリット④　周囲に好印象を与える

毎日のスケジュールをマメに手帳に書き込み、時間管理をしている人は、とても好印象です。「次の会議は6日10時に」と決まったら、相手の目の前で手帳にメモ。これだけでも「真面目」「信用できる」というアピールになり、「この人なら大丈夫」という安心感を与えます。

メリット⑤　スケジュールどおりに動けばいい

いったん手帳に書き込んでしまえば、あとはたびたび手帳を眺め、スケジュールどおりに進めればいいだけ。毎朝「今日は何をやろうか」と考えるストレスがなくなります。

4 手帳を使う人は必ず知っておきたい

身につけたい手帳の習慣

　手帳を使ってミスなくスケジューリングを行うために、身につけておきたい習慣をいくつか見てみましょう。

用件はすぐに、すべて書き込む

　会議や外出の予定などが決まったら、その場ですぐに記入してしまいましょう。記憶が正確なうちに書くことが大事です。

　まだ確定していない用件も、とりあえず手帳に書いて時間を確保しておきましょう。

手帳は1冊にまとめる

　プライベートと仕事で手帳を分けず、1冊で管理しましょう。どちらかで予定の変更が生じてもすぐに対応できます。色分けして書く、書く場所を分けると混乱しません（p.91参照）。

手帳が2冊
- 常に両方を見てスケジュールを調整しなければならない
- ダブルブッキングなどのミスが起こりやすい
- かさばる

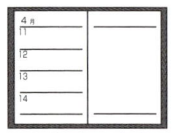

手帳が1冊
- スケジュールの調整が簡単
- すっぽかしなどのミスが起こりにくい
- かさばらない

手帳はすきま時間にこまめにチェックする

最も大事な習慣は、**手帳に記録するだけで終わらせず、手帳を頻繁にチェック**することです。

手帳には仕事のスケジュール、スケジュール関連メモ、アイデアメモなど、いろいろな情報が記録されています。

しかし書いたことに満足してしまい、そのあと手帳を見なかったら、スケジュールは把握できないし、せっかくメモした情報も活用できません。

手帳は繰り返し見て、向こう1週間程度のスケジュールはしっかりと把握しておきましょう。記憶を頼りに「出張はまだまだ先だよなあ」とのんきに構えていると、直前に気づいて大慌てとなります。

手帳をひんぱんにチェックするには、常に手帳を持ち歩くことが大前提。すきま時間や移動時間を利用して、繰り返し見る習慣をつけてください。

手帳をチェックするタイミング

●**朝、自宅で**
今日の予定を見て持ち物チェック。
家族に帰宅時間を伝える。

●**通勤電車の中で**
その日の予定を確認。
TODOリストを確認or作成。

●**出社後**
出社前に見なかった場合は朝一で。
月曜日は一週間の予定を確認。

●**すきま時間、休憩時間**
予定通り進んでいるか確認。
スケジュールの変更があれば直す。
TODOリストも見直す。

●**退社時**
今日の仕事の進捗状況を確認。
明日の仕事を確認。
明日のTODOリストを作成する。

●**電車の中で**
日記を書く。
手帳のメモ(目標など)を再確認。

5 自分に合った手帳を選ぼう

仕事やライフスタイルに合わせて選ぶことが大切

新しい手帳を選ぶときはワクワクするものです。けれども「カバーが好き」「大きくて立派」と見た目だけで選ぶと、使いこなせない、物足りない、ということが起こってきます。自分の仕事やライフスタイルに合ったものを選ぶのが鉄則です。

手帳のサイズを選ぶ

サイズは「どうやって持ち歩くのか」「どの程度書き込みをするのか」を考えて選びましょう。

また小さい字が書けない人は、小さすぎる手帳だと書き込みが大変です。

携帯性は?

☐ 重視する人
・ポケットサイズ等の小型
・薄型

☐ 重視しない人
・A5などの大判サイズもOK
・書き込む量で選ぶ

A6サイズ(文庫本サイズ)(綴じ手帳)
ポケットサイズ(一例)(綴じ手帳)
ミニ6穴(システム手帳・リフィル)
ミニ5穴(システム手帳・リフィル)

手帳の主なサイズ

種類	リフィルサイズ	特徴
A5	210×148mm	A4が綴じられる
バイブル	171×95mm	人気でリフィルも多種
ミニ6穴	123×80mm	コンパクトで人気
ミニ5穴	105×61mm	ミニサイズ

Part3 ●手帳の基本　段取りがよくなるスケジューリング

システム手帳か、綴じ手帳か

綴じ手帳　▶携行性を重視する人向き

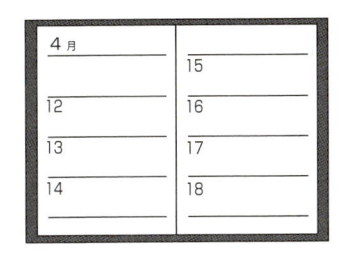

メリット
- □シンプルで使いやすい
- □コンパクトで持ち運びが楽
- □価格が手頃

デメリット
- □記入スペースが小さい
- □自分流にカスタマイズできない
- □資料等のファイリングができない
- □手帳切り替え時に資料の移動が必要

システム手帳　▶カスタマイズを重視する人向き

メリット
- □自分流にカスタマイズできる
- □リフィールが豊富
- □資料等のファイリングができる
- □新年度の切り替えが必要ない

デメリット
- □厚みがあり、かさばる
- □書くときにリングが邪魔
- □値段が高め

●メモ用のリフィール

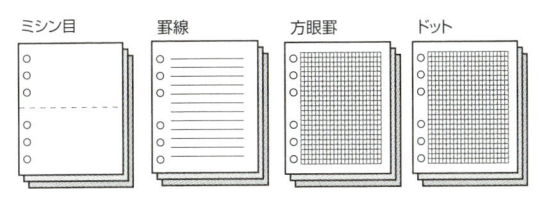

ミシン目　　罫線　　方眼罫　　ドット

スケジュール（週間、月間、年間など）、メモ（無地、罫線、方眼、商談メモなど）、日記、金銭出納、集計用紙など多種類のリフィールがある

6 スケジュール欄を選ぶ

「見開き1ヵ月」「見開き1週間」タイプが主流

　手帳のスケジュール欄には「見開き1週間」「見開き1ヵ月」などがあります。自分の仕事に合ったものを選んでください。

①カレンダータイプ

　1日の予定が2～3件程度の人に向いています。1カ月という中期的な視点からスケジュールを把握できます。

- □1カ月の予定が俯瞰できる
- □書き込みスペースは少ない
- □あまり書き込みしない人向き
- □手帳が薄くなり持ち運びが楽
- □長期にわたる仕事が中心の人向き
- □手帳入門者にも使いやすい
- □1日1ページタイプとの併用もOK

②1日1ページタイプ

　毎日、時間単位で細かくスケジュールを書き込む人、日記やアイデアなどもたくさん書きたい人に向いています。

●1日1ページ　●2日1ページ

- □1日の記入スペースが広い
- □日記やノートもたくさん書ける
- □イラストや図を描くなど自由に使える
- □長期の予定が把握しにくい
- □手帳が厚くなる
- □自分流に使いこなせる上級者向き

Part3 ●手帳の基本　段取りがよくなるスケジューリング

③週間タイプ

主流は時間軸が横に進んでいく「レフト式」ですが、時間軸が縦に伸びる「バーチカルタイプ」も人気があります。

●レフト式（右がメモページ）

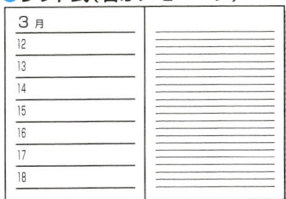

□適度な記入スペースがある
□右側がメモ欄のタイプが人気
□初心者にも使いやすい
□メモ欄には、スケジュール関連のメモを取ったり、日記を書くこともできる

●バーチカル式

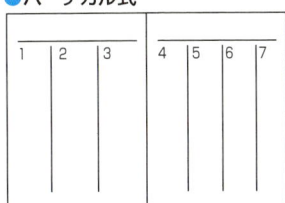

□時間軸が縦に伸びるタイプ
□時間ごとに細かく予定が記入できる
□書き込むことがたくさんある人向き
□毎日分刻みで仕事を管理したい人向き

月曜始まり、土日の欄、時間軸

●月曜始まり

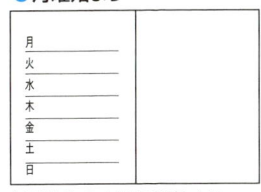

土日休みの人は月曜始まりタイプが使いやすい

●土日の欄の大きさ

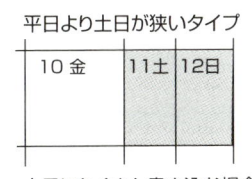

平日より土日が狭いタイプ

| 10 金 | 11土 | 12日 |

土日にたくさん書き込む場合は、土日欄が狭くないタイプがいい

●時間の目盛り

8 9 10 11 12 13 14 15 16 17 18 19 20 21 22 23 24

朝は○時から　　　　　夜は○時まで

自分に必要な時間帯の目盛りがあるか

7 スペースを有効活用して読みやすく書く
スケジュール欄の書き方

　手帳の限られたスペースを有効に使い、ミスのないタイムマネジメントを行えるよう、スケジュール欄を記入しましょう。

略語やシールでスペースを有効に使う

●略語や記号を活用する

　小さな手帳やマンスリーの手帳は書き込みスペースが小さいので、「会議＝M」のように略語を使うとスペースの節約になります。ただし省略しすぎると自分が何のことだかわからなくなるので要注意。書き込むスペースがある場合は、略語を使わず「定例会議」のように詳しくきちんと書くほうが後でわかりやすいはずです。とくにずっと先の予定については詳しく書いておきましょう。

●定期的な予定にはシールを貼る

　給料日、月例会議などの定期的な予定には★●などの形の手帳用ミニシールを貼る方法があります。手帳用ミニスタンプもあります。

7月

Mon	Tue	Wed
	1 ★	2 田中B (㊩) 13-14
		9 M10-10:30 さ支社 R1 資料10部 19:00 銀座
14	15	16

- 月例会議のような定期的な予定はシールを貼ってもOK
- B＝部長。肩書きや敬称も書くと、手帳を見られたときに失礼がない
- 略語でスペースの節約。ただし自分がわからなくならない程度にしておく

Part3 ●手帳の基本　段取りがよくなるスケジューリング

色分けで見やすくする

●重要な予定は目立たせる
　大事な用件は、埋もれないように赤ペンで書いたり、カラーペンやマーカーで囲うなどして目立たせましょう。

●用件を色分けして書く
　「重要な用件＝赤」「急ぎの用件＝青」「プライベート＝緑」のように色分けして書く方法もあります。ただし色は2〜3色が限度。多すぎると、大事な用件が目立たなくなってしまいます。色分けも面倒になって続きません。

●仕事とプライベートを分けて書く
　仕事とプライベートの予定が混乱しないように、「場所を分けて書く」「プライベートは緑で書いて色分け」などの工夫をしましょう。

8月

Mon	Tue	Wed
	1	2　田中様 ㊗ 　　13-14
7	8　(企画書up) 　　15時迄	9　会議10-11 　　19:00 銀座

- 重要な予定は、赤で囲う、赤で書くなどして目立たせる
- 仕事は上、プライベートは下と分けて書く。「プライベートは緑」のように色分けして書いてもOK

13 月
重要な予定を色分けして書く

14 火
　田中氏 ~~13:00-14:00~~　11:00-12:00
　?遠藤氏来社? 13:00-14:00
　●A案プレゼン 15:00-17:00

　　　　　　18:30 美容院
　　　　　　20:00 ジム

- 変更やキャンセルは二重線で消すと変更前の予定が確認可能
- 自分で線を引いて区切り、左は仕事、右はプライベートのように分けて書くと混乱しない

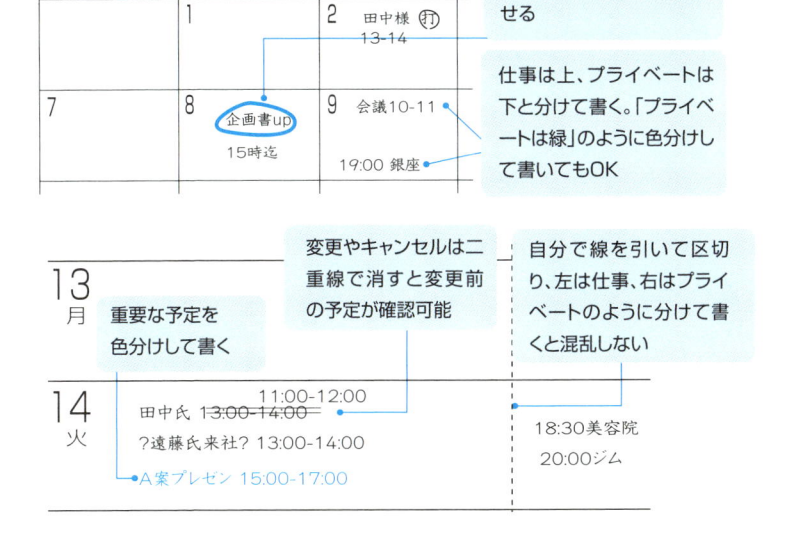

時間を確実に確保する

●いつからいつまでかがわかるように書く
開始日時だけでなく、「何時から何時まで」「何日から何日まで」がわかるように書きましょう。次の予定が入れやすくなります。

●未確定の予定も書く
未確定の予定も書き込んで時間を確保します。書いておけば「その後どうなりました？」と確認することもできます。

とりあえずシャープペンで記入して確定したらペンで書く、ふせんやマスキングテープに書いて貼る、「未」「？」をつけるなどして、未確定であることがわかるようにしておきましょう。

●自分一人でする仕事も書き込む
「何を、いつやるか」を明確にして記入しましょう。

●自分以外の人の予定も書く
部下や上司、家族の予定など関係する予定は書き込んでおきます。

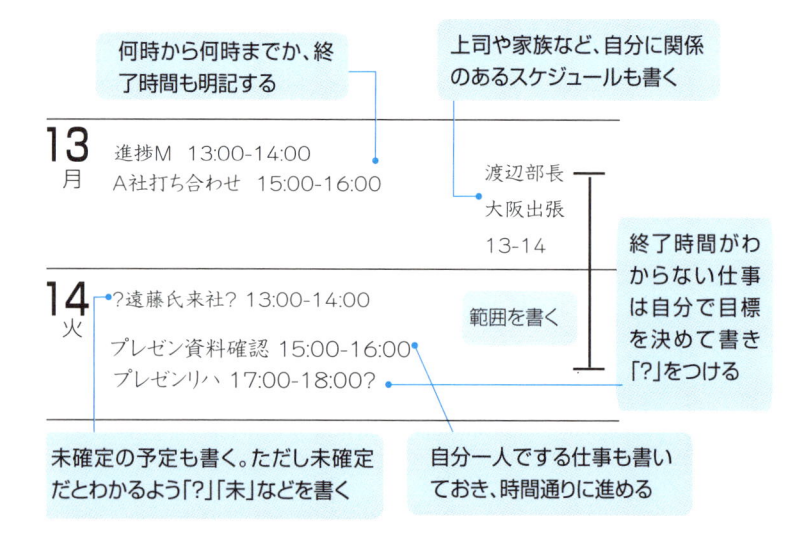

何時から何時までか、終了時間も明記する

上司や家族など、自分に関係のあるスケジュールも書く

13 月
進捗M 13:00-14:00
A社打ち合わせ 15:00-16:00

渡辺部長
大阪出張
13-14

終了時間がわからない仕事は自分で目標を決めて書き「?」をつける

14 火
?遠藤氏来社? 13:00-14:00

プレゼン資料確認 15:00-16:00
プレゼンリハ 17:00-18:00?

範囲を書く

未確定の予定も書く。ただし未確定だとわかるよう「?」「未」などを書く

自分一人でする仕事も書いておき、時間通りに進める

Part3 ●手帳の基本　段取りがよくなるスケジューリング

仕事の実績を記録する

●実際の作業時間等を書く

たとえばデータ入力にスケジュール上では２時間取っておいたのに、実際は３時間かかってしまったとしたら「３時間」と記録しておきます。すると次に同様の仕事をするときに、手帳を参考により正確に作業時間の見積もりができるようになります。

●仕事の結果を書く

たとえば「商談」がうまくいった場合は「○」、いかなかった場合は「×」とその結果も簡単に書いておくと、結果が一目瞭然です。

●その日に会ったことを記録する

「Ａさんから○○について問い合わせあり」「Ｂ社から資料が届いた」のように、手帳に予定として書いていなかったけれど、今日こんなことがあった、ということを書いてもいいでしょう。仕事の記録になり、後で参照できます。

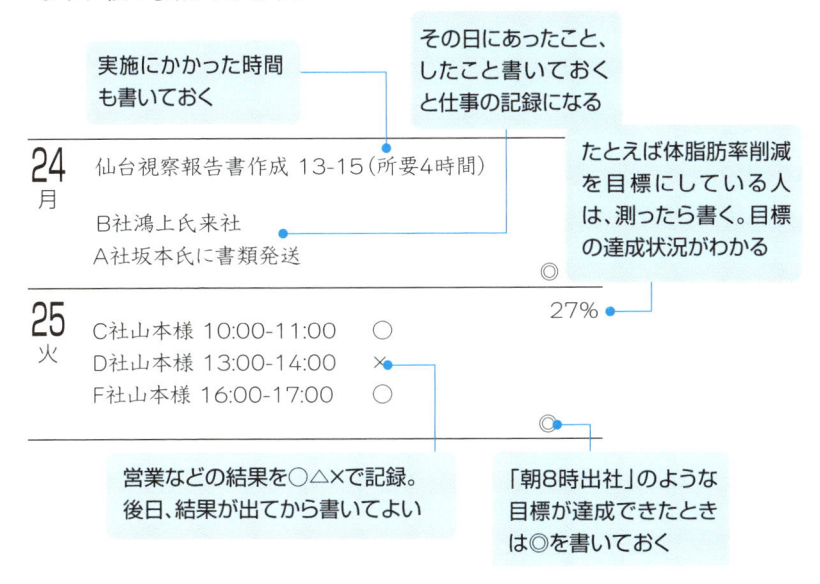

実施にかかった時間も書いておく

その日にあったこと、したこと書いておくと仕事の記録になる

24 月
仙台視察報告書作成 13-15（所要4時間）
B社鴻上氏来社
A社坂本氏に書類発送

たとえば体脂肪率削減を目標にしている人は、測ったら書く。目標の達成状況がわかる

◎
27％

25 火
C社山本様 10:00-11:00　○
D社山本様 13:00-14:00　×
F社山本様 16:00-17:00　○

◎

営業などの結果を○△×で記録。後日、結果が出てから書いてよい

「朝8時出社」のような目標が達成できたときは◎を書いておく

8

ふせん＋手帳で手帳のメモ機能を補強する

ふせんを活用する

　ふせんは手帳ととても相性のいいツールです。カラフルで種類が豊富、貼ってはがせるという特長を生かして、ぜひ手帳といっしょに使ってください。

ふせんにメモしたい情報

●一時的な情報
　「佐藤から電話あり」のようにその場限りのメモはふせんに書くのに向いています。不要になったらすぐ捨てられます。

●未確定の予定
　とりあえずふせんに書いて貼っておき、確定したらペンで書きます。ただし剥がれることがあるので、重要な予定は未確定でも書いてしまうほうが安全です。

●スケジュール欄に書ききれなかった情報
　日付を書くなどして、どのスケジュールに関連する情報かがわかるようにしておきましょう。

●スケジュールに関係のない情報
　スケジュールに関係ない情報はふせんに書くと、後で捨てたり、ノートに移動させたりが簡単です。

●手帳に記録を残したくないメモ
　プライベートなメモなど手帳に記録したくないメモはふせんに書いて用がすんだら捨ててしまいましょう。

Part3 ●手帳の基本　段取りがよくなるスケジューリング

●手帳とふせんの使い方

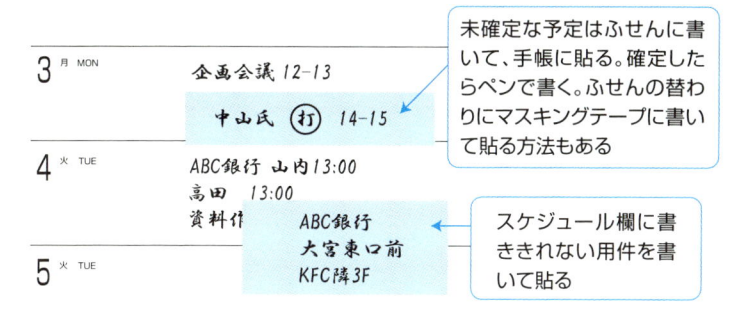

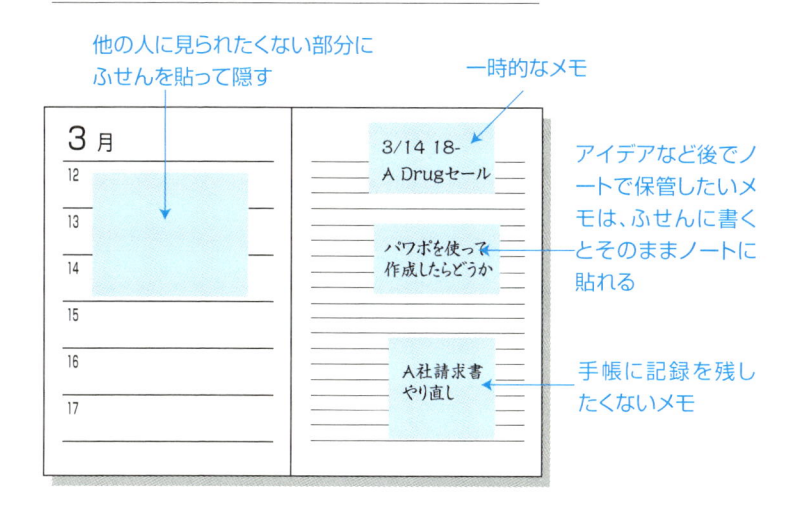

3 月 MON	企画会議 12-13
	中山氏 （打） 14-15
4 火 TUE	ABC銀行 山内13:00
	高田　13:00
	資料作 ABC銀行
	大宮東口前
	KFC隣3F
5 火 TUE	

> 未確定な予定はふせんに書いて、手帳に貼る。確定したらペンで書く。ふせんの替わりにマスキングテープに書いて貼る方法もある

> スケジュール欄に書ききれない用件を書いて貼る

他の人に見られたくない部分に
ふせんを貼って隠す

一時的なメモ

3月
12
13
14
15
16
17

3/14 18-
A Drugセール

パワポを使って
作成したらどうか

A社請求書
やり直し

アイデアなど後でノートで保管したいメモは、ふせんに書くとそのままノートに貼れる

手帳に記録を残したくないメモ

Point!
□保管したいメモは、そのままノートに貼ることができる
□不要になったらそのまま捨てることができる
□サイズや色の異なるものを2〜3種類用意。手帳のポケットに入れたり、表紙の裏に何枚か貼って常備しておこう

9 手帳でTODOの管理をしてみよう

ふせんでTODOリストを作る

やるべき仕事を書き出す「TODOリスト」は、仕事を段取りよく片づけるためには欠かせません。ここではふせんの貼ってはがせる特長を活かして、手帳のメモスペースでTODOリストを作成・管理する方法を紹介します。

ふせんにTODOを書いて貼る

ふせん1枚にタスクを1つ書き、優先順位の高い順に並べて貼ります。貼る場所は、スケジュールの右側メモ欄など、スケジュールと照らし合わせながら見られる場所がベストです。

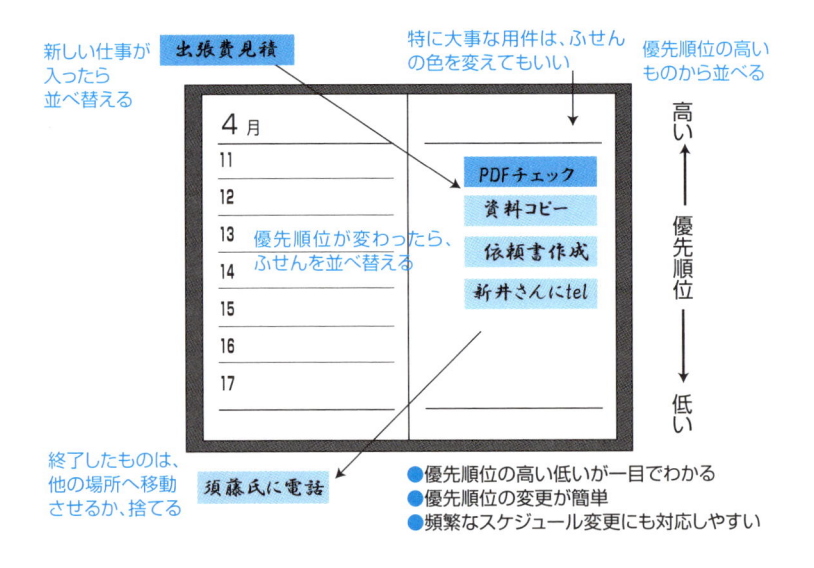

新しい仕事が入ったら並べ替える
出張費見積

特に大事な用件は、ふせんの色を変えてもいい

優先順位の高いものから並べる

4月
11
12
13 優先順位が変わったら、ふせんを並べ替える
14
15
16
17

PDFチェック
資料コピー
依頼書作成
新井さんにtel

高い ← 優先順位 → 低い

終了したものは、他の場所へ移動させるか、捨てる
須藤氏に電話

- 優先順位の高い低いが一目でわかる
- 優先順位の変更が簡単
- 頻繁なスケジュール変更にも対応しやすい

雑用を分けて貼る

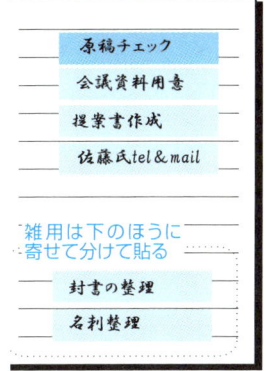

ふせんがたくさんあるときは、たとえば「DMの整理」「書類の整理」といった雑用の部類に入るTODOは他とは分けて、ページの下のほうに貼ります。

すると「重要な仕事」と「雑用」の割合が一目でわかります。やるべき仕事はたくさんあるけど実は「雑用」ばかり、とわかると、ほっと一息つけるものです。

- 原稿チェック
- 会議資料用意
- 提案書作成
- 佐藤氏tel&mail

雑用は下のほうに寄せて分けて貼る

- 封書の整理
- 名刺整理

重要度に応じて貼る場所を分ける

重要度に応じて「A」「B」「C」「D」とTODOを分け、貼る場所を分けます。たとえば手帳の巻末メモ欄のページを4分割、小さい手帳なら見開き2ページを四分割して貼ります。

ページを4分割し、重要度に応じて分けて貼る

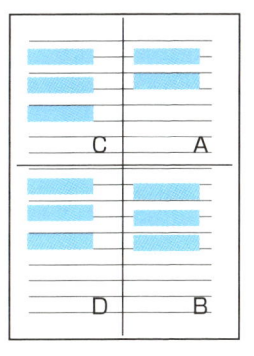

C A
D B

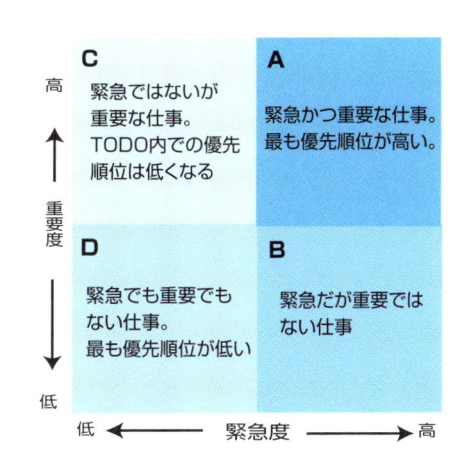

重要度 高↑↓低

C 緊急ではないが重要な仕事。TODO内での優先順位は低くなる

A 緊急かつ重要な仕事。最も優先順位が高い。

D 緊急でも重要でもない仕事。最も優先順位が低い

B 緊急だが重要ではない仕事

緊急度 低←→高

10 大事な情報に素早く確実にアクセスする
ふせん、インデックスの活用

メモした情報を忘れずに見直したり、情報に素早くアクセスするためには、ふせんやインデックスを利用してみましょう。

大事な情報には「透明ふせん」を貼って読み返す

大事な情報、読み返す必要のある情報にはふせんを貼りましょう。重要度や内容によってふせんを色分けして貼る方法。また重要なメモはページの上に、それ以外は横に、といったように、ふせんを貼る場所を分ける方法も簡単です。

手帳用のフィルムタイプの「透明ふせん」は、貼っても下の文字が読める、薄いのでかさばらない、破れにくいというメリットがあります。極細タイプだと小さな手帳に貼っても邪魔になりません。ただしフィルム素材のため、水性ペンでは文字が書きにくいものもあります。

●内容によってふせんの場所を変える

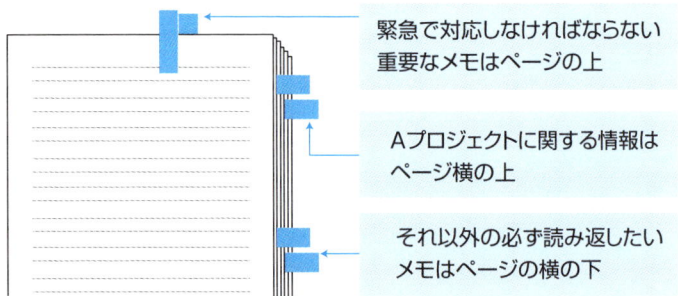

緊急で対応しなければならない重要なメモはページの上

Aプロジェクトに関する情報はページ横の上

それ以外の必ず読み返したいメモはページの横の下

Part3 ●手帳の基本　段取りがよくなるスケジューリング

システム手帳はインデックスで情報を探しやすくする

●リフィルでの分類はおおざっぱにする

　システム手帳の場合はある程度の厚みになるので、インデックスリフィルやインデックスシールを使うと必要な情報にアクセスしやすくなります。たとえば「MONTHLY」「NOTE」「DATA」「ADDRESS」といったインデックスです。

　ただしインデックスリフィルを挟みすぎると、それだけで手帳が分厚くなってしまいます。インデックス・リフィルでは大まかな分類にして、小分類はインデックスシールやインデックスタイプのふせんを利用するほうがスッキリします。

●縦横のインデックスを使い分ける

　システム手帳のインデックスには、インデックスのでっぱりが縦にあるもの、横にあるものがあります。どうしても細かく分類をする必要があってインデックスが増えてきてしまったら、縦インデックスと横インデックスを使い分けるとわかりやすくなります。

　たとえば大きな分類を縦インデックスでして、小さな分類を横インデックスでします。

　また縦、横どちらが開きやすいかはその人によると思いますが、最も頻繁にアクセスするページに、開きやすいほうのインデックスを使うという方法もあります。たとえばマンスリーのスケジュールやメモ帳へのアクセスが多かったら、そのインデックスには開きやすい縦を使う、他は横、といったようにです。

11 手帳に入れた情報はいつでもどこでも参照できる
手帳に情報を入れて持ち歩く

　常に携帯する手帳には、外出先で参照したい情報を入れておきましょう。どこでも参照できる便利なデータベースとなります。

交通情報を書いておく

　時刻表や乗換え情報はスマホやケータイで調べることができます。けれどもよく見るものに関しては、手帳に書いたり、プリントして縮小コピーして貼り付けておくと、いちいちネットにつなぐよりも効率がよくアクセスできます。

　また、よく行く訪問先について「後方車両に乗ると乗り換えが楽」「地下鉄のＡ２出口を出る」「丸の内線より銀座線のほうが速い」といった情報はメモしておくと便利です。次からは最短の時間で目的地にたどり着けるでしょう。

●交通情報を手帳にメモする

A社	麹町	有楽町線は前方乗車
B社	四ッ谷	有楽町線×南北線が早い
C社	九段下	大手町より永田町乗り換えが早い
D社	四ッ谷	丸の内線１出口　いろは書店ビル3階

よく行く訪問先への行き方情報は、手帳に書いておくと便利

手帳に入れておきたい情報

●緊急時に必要な情報

地震発生時などはスマホやケータイが使えなくなることもあるので、手帳に書いておきましょう。家族の勤務先や学校の連絡先があると、本人のケータイに連絡がとれないときに役立つはずです。

・家族の勤務先・学校
・クレジットカード会社
・取引金融機関
・携帯電話会社
・かかりつけ医の連絡先、開院日
・薬

●あると便利な資料

郵便物の料金表や地下鉄路線図など必要なものを入れましょう。

システム手帳のリフィルとして多種販売されていますが、情報をネットで拾い、プリントして貼るという手もあります。

・西暦・元号早見表
・年齢・十二支早見表
・席次とビジネスマナー
・敬語の使い方
・単位換算表
・カロリー一覧表
・日本全国の路線図
・時差一覧　など

●趣味の情報・好きな写真

家族やペットの写真、海外旅行が好きな人なら世界地図など、個人的な趣味の情報を貼ったり挟んだりしておきます。システム手帳なら、写真をカットしてカードフォルダーに入れるのが簡単です。大き目の資料はパンチで穴を開けて綴じるといいでしょう。開くのが楽しい手帳になると、自然と手帳を見る機会が増えるという効果があるのです。

12 繰り返し読みたい情報はプリントして手帳へ
データをプリントして挟む

　パソコンのデータやウェブサイトの重要部分は、プリントして手帳に綴じたり貼ったりすると見返しやすくなります。

手帳に資料を綴じる

　役に立つ情報も、パソコンに置きっぱなしだとたいてい放置です。そこで大事な部分のみプリントして手帳に入れておけば、忘れることなく何度でもじっくり読み返すことができます。

　データはA4用紙にプリントして、手帳の用紙の天地のサイズに合わせて縮小コピー。横にはみ出る場合は2つ折り、3つ折りにすれば、どんな資料でも収納できます。

　システム手帳なら穴を開けて綴じ、綴じ手帳は空きページに貼るといいでしょう。

●A4をバイブルサイズの手帳に挟む

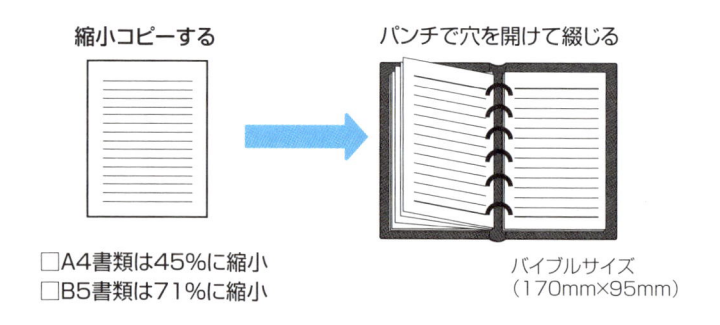

縮小コピーする　→　パンチで穴を開けて綴じ

□A4書類は45％に縮小
□B5書類は71％に縮小

バイブルサイズ
（170mm×95mm）

Part3 ●手帳の基本　段取りがよくなるスケジューリング

情報を整理して貼る

　ネットで拾った情報をプリントして貼る場合、そのままプリントすると膨大な量になってしまいます。余計な部分を削除するなど自分なりに編集してからプリントするとスッキリです。

●ウェブサイトの情報を編集→プリントする方法

1. ワードで手帳用のファイルを作る

「ページ設定」で、「用紙」サイズ、「余白」、「文字数と行数」を設定。余白の最小値はプリンターによって異なるので注意

2. ウェブ上の文書を編集

手帳に挟みたい情報をウェブからコピペ。余計な情報は削るなど、自分流に編集する。
テキストのみ利用したい場合は、いったんウインドウズの「メモ帳」にコピペして書式情報をなくす

3. 印刷して手帳へ

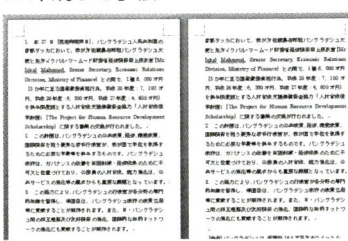

編集した情報を、ワードで作った手帳用のファイルにコピペ。プレビュー画面で確認して、印刷。手帳に貼る

13 常に持ち歩く手帳だから、メモしておきたいこと
備忘録、ネタ帳として使う

いつも持ち歩き、すきま時間に読み返すことのできる手帳は、備忘録として利用したり、ネタ帳にするにも最適です。

手帳を「備忘録」にする

「買い物」「調べもの」「読みたい本リスト」といった備忘録のページを作り、思いついたらそこに書き込んでいきます。ふせんに書き出して貼っておき、用がすんだら捨てるという方法もあります。

「買い物リスト」を書いておけば、買い物に行くときにリストをチェックするだけで、必要なものを忘れずに買うことができるのです。「何買うんだっけ？」と考える必要もいりません。

こうしたリストはいつも持ち歩く手帳の、決まった場所に書くルールにすると、見落としもなく確実にフォローできます。

●手帳にいろいろなリストを書く

買うもの	電車内でできること	調べること	やりたいこと 行きたいところ
□USBメモリ	□スケジュール確認	□エバーノート	□富士山登頂
□マウス	□メールチェック	□ホットスポット	□タブレット
□豆サイズのふせん	□TODO作成	□掛川 行き方	□宇都宮動物園
~~税金の本~~	□メモを読む		
□ビタミンC	□iPODの番組聞く		
□バナナ	□カバンの整理		
□栄養ドリンク	□レシート整理		
□マスク			

　□手帳は常に持ち歩くため、いつでも参照できる
　□そのたびに思い出したり、考えたりする手間が省ける

Part3 ●手帳の基本　段取りがよくなるスケジューリング

手帳に話のネタを書きためる

　食事や酒の席はもちろん、打ち合わせや商談でも雑談はつきもの。話のネタはありすぎて困ることはありません。

　同僚との会話やインターネット、ニュース、電車の中吊り、本や雑誌、スポーツ新聞など、話のネタはあちこちに転がっています。話のネタを見つけたら、すかさずメモしておきましょう。手帳が立派なネタ帳になります。情報源や日付も合わせて書いておくと、後で詳しく調べるときに役に立つはずです。

1年の目標を書く

　新しい年を迎えたら、その年の目標を手帳に書いておきましょう。手帳は繰り返し見るので、常に目標を忘れず、目標達成のために努力することができます。目標がどの程度達成できているかは、随時書き込んでいきましょう。

　目標設定のコツは、「実現可能な目標にする」「具体的な数値目標を入れる」「『～まで』という期限も書く」ことです。

●手帳に目標を書く

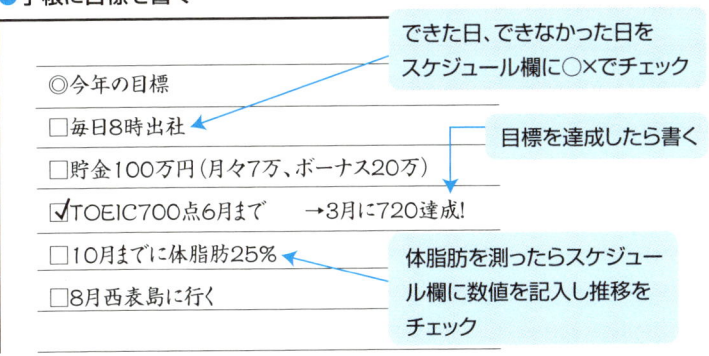

```
◎今年の目標
□毎日8時出社          ← できた日、できなかった日を
                        スケジュール欄に○×でチェック
□貯金100万円（月々7万、ボーナス20万）
                      ← 目標を達成したら書く
☑TOEIC700点6月まで    →3月に720達成！
□10月までに体脂肪25%  ← 体脂肪を測ったらスケジュー
                        ル欄に数値を記入し推移を
□8月西表島に行く        チェック
```

14 続けていけばかけがえのない人生の記録になる
手帳に日記をつける

　変わりばえのない毎日を過ごしているようでも、半年、1年という単位で見たら本当にいろいろなことが起きています。何気ない毎日の積み重ねは、自分の歴史そのものです。そこでその日に起こったことを少しだけ、手帳に記録しておきましょう。

日記は手帳に書くから継続しやすい

　その日、何があったのか、自分が何を感じ、考えたのか。ほんの2～3行の記録でも、後で読み返すと自分を冷静に振り返ることができます。自分の行動を客観視できて、改善につなげるきっかけになるのも、日記のよいところと言えるでしょう。

　毎日持ち歩く手帳になら、ほんの2～3分のすきま時間に書けるはず。日記を習慣化するには手帳がベストなのです。

●手帳の空きスペースに日記を書く

4月		
11	会議 10-12 プレゼン13-14 チーム会議 15-16	プレゼンの反応良し。 図解多用がよかった
12	A社11- 加藤氏来社 16-	支社長と雑談。 新商品に期待して いるとのこと
13	東京本社10-11	歯痛で辛い。 歯医者を探そう

→ 仕事の内容、仕事で感じたこと、印象に残った出来事、体調、天気、食べたもの、本や映画の感想などを簡単に書く

→ 手帳に書くと、スケジュールとリンクさせて見ることができる

日記を続けるコツ

 日記は続けて習慣化することに意味があります。とは言っても「書かなければ」という義務感だけでは長続きしません。「書くことが楽しい！」とまではいかなくても、「苦にならない」ようにすることで習慣にしてしまいましょう。

●1行でもOK

 「Aさんの英語力がすごい」のようにその日の仕事で印象に残った出来事を箇条書きにすればOKです。ダラダラ書かず、ポイントを押さえて書くトレーニングにもなります。

●毎日書かなくてもいい

 習慣化するには毎日書くのが理想ですが、2、3日に1回、金曜日に一週間を振り返って書いてもOKです。とにかく続けることが大切です。

●書く時間を決める

 たとえば「帰りの電車の中」「寝る前」などと書く時間を決めると習慣化しやすくなります。電車通勤の人は、帰りの電車の中ならほぼ確実に時間が確保できるでしょう。

●業務改善を目標とする

 自分の気持ちを書きつづるのは、大人には気恥かしいもの。でも業務改善を目的とするパターン化した簡単な日記なら、抵抗なく書けるはずです。

1行日記からパターン化して書くと簡単

　文を書くのが苦手な人は、書くときのパターンを固めてしまいましょう。書くのがずっと楽になります。

● 1行日記

　まずは「その日にしたこと・あったこと、最も印象に残ったこと」を書く1行パターンから始めましょう。「iPadを購入」「佐藤さんとプレゴでランチ」「無事A社納品。1カ月ぶりの定時帰り」程度でOKです。

● 2〜3行日記

　少し余裕が出てきたら、「①その日にしたこと・あったこと」「②それに対する自分の思いや考え」を書く2行パターンにステップアップしてください。

　「③今後はこうしたいという自分の希望」を書き添える3行パターンもあります。希望を書き添えることでポジティブな印象になります。ツイッターやフェイスブックで情報発信するときにもぜひ使いたいパターンです。

---

1. Aさんとの商談。（その日にしたこと）
2. 反応上々でほっとした。（自分の気持ち）

---

1. TOEIC800点を達成。（その日にあったこと）
2. 思っていたより早かった。（自分の思い）
3. 近いうちに英語を使う業務につきたい。（自分の希望）

日記で業務改善を目指す

仕事がうまくいかなかったときは、「①結果」「②原因」「③改善」の順で記録して、業務改善に結び付けていきましょう。仕事について冷静に箇条書きすることで、日記を書く気恥かしさはなくなります。なお書いたことは何度も見直して、実際に業務改善につなげてください。

---

1. プレゼン不評（結果）
2. 資料過多（原因）
3. 資料は10枚まで（改善）

---

1. 納品が遅れる（結果）
2. 前半の時間の見積もりが甘い（原因）
3. 業務記録をノートに細かくつける（改善）

暗い出来事もポジティブに締める

仕事は毎日成功ばかりというわけにはいきません。日記にはどうしても失敗、うまくいかなかったことを書く機会が増えてくると思います。そんな場合も、できるだけ最後はポジティブに終わらせましょう。沈む気持ちに区切りをつけて、明日からは新たな気持ちで仕事に取り組んでください。

---

1. 新人さんが指示通りに動いてくれない。
2. 自分の指導力不足を痛感。
3. 自分も上司に教えを乞いつつ、地道に指導していこう。
   明日はきっと今日より良くなるはずだ。（ポジティブな気持ち）

15 こんなに便利！　いろいろな文房具

手帳と使いたい文房具

手帳を書くためのボールペンを選ぶ

　手帳向きの筆記用具は、メモ、ノートを書くときのものと選ぶポイントが少し違います。

●芯の太さ

　手帳が小さいので細かい字を書く場合は、0.4mm 程度の細い芯のボールペンや、シャープペンが向いています。0.7mm だと細かい字を書くのが難しくなります。ただし 0.3 mm など細すぎると紙に引っかかる感じでやや書きにくくなります。

●細さ

　手帳に挟むことを考えるとどうしても細いペンを選んでしまいますが、細すぎると握りにくく書きにくくなります。選ぶときは試し書きが必須。細さを重視するなら、ある程度書きやすさは妥協する必要があります。

●ノック式＆クリップ付き

　キャップを落とす心配がないので、ノック式が基本です。ただしペン先をしまい忘れて手帳のページやカバンの中を汚すことのないように注意してください。クリップ付きだとポケットや手帳に挟んでおくことができます。首からかけられるストラップ式は、取材や視察のときなどに便利です。

Part3 ●手帳の基本　段取りがよくなるスケジューリング

手帳と使うと便利な文房具具

消せるボールペン
予定が変更になっても書き直せる。消しゴムを使わないで消すタイプもある。

フリクションボールノック
（パイロット）

手帳カバー&ペンホルダー
ペンホルダーつきの手帳カバー。カバーをかけるとペンホルダーにペンが挟める。高級感があるものも多数。

ペン型消しゴム
手帳の細かい文字を消すときに便利。クリップ付きなら手帳に挟んでおける。

モノゼロ
（トンボ鉛筆）

手帳用ハサミ
超薄型で手帳に挟んで持ち歩くことができる。雑誌の切り抜きなど用途はさまざま。

ポケットセクレタリ
（アルス）

手帳用マスキングテープ
鉛筆やマーカーでも書き込みできる。「Holiday」のように手帳ならではの文字が入ったものも。

ダイアリー用マスキングテープ（マークス）

一枚切りカッター
切り抜きたい一枚だけを切り抜くことが可能。雑誌や新聞などの記事をスクラップするときに便利。

キリヌーク
（オルファ）

ポケットシール
手帳の表紙などに貼りつけて使う。ふせんや名刺、資料などを入れることができる。

2ポケットシール（ミドリ）

手帳用シール
シンプルな○☆からかわいいイラストまで。予定欄に貼ったりインデックスに使える。手帳が楽しくカラフルになる。

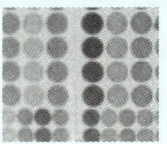

スケジュールノートを使ってみよう

「スケジュールノート」とは、「スケジュールを書き込む手帳」+「情報を記録するノート」が一体化したノート。普通のノートの中身がスケジュール欄になった感じで、見た目も中身も手帳に比べてかなりシンプルに作られています。余計なものがないので、その分、使いやすく感じる人もいるでしょう。手帳を選ぶ際には、候補に入れてみてください。

サイズ：ポケットサイズから普通のノートサイズのB5まで。

スケジュール欄：自分で日付を書き込むフリータイプのマンスリーが多いが、ウイークリー、バーチカルなどもある。大きなサイズのノートだと書き込みは十分にできる。

種類：シンプルなキャンパスノートタイプの「コクヨ キャンパスダイアリー」、モレスキンの「スケジュール+ノートダイアリー」などが有名。

●スケジュールノートのメリット
□手帳、ノートが1冊にまとまる
□情報をたくさん記入できる

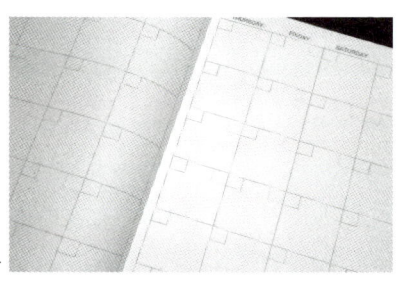

コクヨ キャンパスダイアリー

Part 4

実践・メモ術ノート術

ノウハウの蓄積を
財産にするA to Z

1

仕事メモの基本がここにある

電話をかける、受けるときのメモ

●電話をかけるときのメモ

今ではメールでの連絡が当たり前となり、以前に比べて電話をかけることは少なくなりました。だからこそ電話が使われるのは緊急、重要、直接話したい、といった特別な場合が増えています。証拠が残らないだけに、ちょっとしたミスが重大なトラブルに繋がる恐れもあります。慎重に処理しましょう。

まず電話をかけるときは、用件をあらかじめメモ用紙に整理してからかけます。ごく簡単で構いません。必要度に応じてメモしてください。これで伝え忘れ、聞き忘れがなくなります。

また電話は相手の仕事の手を止めることになるので、用件を整理しておくことで、最短の時間で効率よく用件を済ませることができます。

メモは相手の発言を書き込めるよう、大きめのメモ用紙やノートに余裕をもって書くようにしてください。重要な用件なら、ノートに書いてそのまま保管もありです。

●電話中のメモ

電話中は片手でメモをとることになりますが、紙を左手で押さえられないので滑りやすく、書きにくいことがあります。メモ帳の下に滑り止めシートを敷くとすべりにくくなります。

電話をかける前に用件を整理する

```
2013.

○○社 ■■様

□ 先日話し合いをした取引について
  お返事をうかがいたい。

  □ OKの場合
    見積書送っていただく
  □ ×の場合
    □ 検討していただいたお礼
    □ 理由は?


    □ 対応できるか検討したい。
      時間をもらう

□ 次回の打ち合わせはいつに?


□ 大阪支社の担当者は?
```

□用件をすべて、相手に話す順番で書き出す
　何を話すのか　　何を聞くのか
　何を決めるのか　どのような表現で伝えるか
□とっさに相手の名前が出てこないこともある。
　忘れっぽい人は相手の名前も書く
□話が終わったらチェックを入れていく
□話ベタな人ほど事前の準備が大事

●電話後のメモ

電話を終えたら、スケジュールに関する情報はすぐに手帳へ書き写しましょう。またプロジェクトの内容などに関わる内容はノートへと書き写します。このとき、いつ、誰と話した内容なのかを忘れずに書いておきましょう。

●電話の後には確認メールを送る

電話はメールと違って証拠が残りにくく、後で言った言わないのトラブルが起こりやすいのが欠点です。

そこでアポの日時などを電話で取り決めたら、後でメールを送って確認を取ると確実です。メールはくどくど書くのではなく、ポイントを簡単にまとめたものでOKです。メールを送信すれば相手が内容を確認できますし、自分にも記録を残すことができます。

●伝言メモのフォーマットは作っておこう

「相手の連絡先を聞き忘れた！」ということなく、他の人への伝言をすばやく漏れなくメモするには、電話専用のメモ用紙を用意しておくのがベストです。

あらかじめ名前、会社名、連絡先、返信の要・不要、メッセージの内容、といった項目を盛り込んだフォーマットを作っておいて、そこを埋めていく形にします。

電話を切る前にはメモ用紙をざっと見て、聞き忘れはないかを確認します。こうすればミスなく確実に必要な情報を書けるし、伝える相手にはそのまま渡せます。

電話後に内容をメールで確認する

――――――――――――――――――――

先ほど取り決めた件です。
どうぞご確認ください。

日時:2014年10月1日(金曜日)
　　　11:00〜
場所:弊社2階会議室

※商品X99-1についての資料をご持参ください。
※当日は納品された実物を見ることができます。

――――――――――――――――――――

伝言用のフォーマットを用意する

```
                              12 月 11 日  11 時 30 分

         齋藤              様

     あっぷ社企画部　田中    様より電話がありました。

     ✓ 戻り次第、電話をください
        電話番号  03-xxxx-xxxx
     □ 後ほど、かけ直します
     □ 伝言のみお願いします
     メッセージ

        先日渡した説明書に
        間違いがありました。


     連絡先  03-xxxx-xxxx

        総務部　山田              が電話を受けました。
```

☐パソコンで簡単に自作できる
☐文具店や100円ショップにある。伝言メモ用のふせんもある
☐黄色やピンクの用紙を使うとよく目立つ
☐裏紙はゴミと勘違いされないよう周囲をカラーペンで囲う等
　の工夫を
☐飛ばないようテープで机や受話器に貼るようにする

2

仕事の記録をつけて経験をノウハウにしよう

仕事ノートを記録する

●ノートに仕事の記録をつけよう

　進行中の仕事の記録は、個人的にノートに記録しておきましょう。手帳のスケジュール欄にこまめに記録し、あとでノートにまとめ直す方法もあります。たとえばこんな記録です。
①どんな業務が発生して、どれくらい時間がかかったか
②どんなスケジュール・手順で進めたか
③誰がどの作業を担当したか

　細かく記録しておくと、今後、スケジュールを組むときに時間の見積もりが正確にできます。報告書を作成するときにも、簡単かつ正確にまとめることができます。

●経験は記録することでノウハウになる

　「一度経験しているから、もう大丈夫」とそのときは思っても、月日がたてば今回の経験などすべて忘れてしまいます。するとまた同じ苦労やミスを繰り返してしまいます。

　仕事の経験はノートに記録してはじめてノウハウとなり、今後に生かすことができるのです。記録を参照することで、うまくいった部分は前回に習い、まずかった部分は改善していけば、前回よりも効率よく質の高い仕事を成し遂げることができるはずです。

仕事の詳細を記録する

(株)■■ パンフレット 作成	
期間	2013.12.5 ～ 2013.2.28
予算	200万円（内訳は→15ページ）
■社担当	■■様
スタッフ	原稿…■■、■■（フリー） デザイン…■■ カメラ…■■（■オフィス） デザイン・DTP…■■
スケジュール	12月5日 第1回打ち合わせ （■社、■■様、■■■） 12月6日 スタッフ決定、依頼 12月12日 レイアウトラフ完成…所用3日

☐発生した業務内容　　☐所要時間
☐スケジュール　　　　☐担当者
☐いつ、どこで、何をした、誰と会った、という行動記録　など

コメント 反省	・スケジュールを細かく前倒しで組んだためスムーズに行った ・クライアントの要望が二転三転。途中での変更しないよう言うべきだった。 ・外部スタッフが多いので、Googleドキュメントなどでデータ共有できる環境作りを早急に進める。 ・■■印刷…高い。次は複数に見積り出して ・■さんのテクニックはさすが。次もおねがいします。

☐終了後は全体を振り返って感想や反省
☐トラブルがあった場合は原因や改善点

3 同じ間違いを繰り返さないために
トラブル回避ノート

●トラブルの詳細をノートに記録しておく

仕事にはトラブルがつきものです。納期に間に合わなかった、交渉が決裂した、担当した商品が売れなかった、顧客を怒らせたなど、苦い経験は誰にでもあるでしょう。大事なのは同じミスを繰り返さないこと。そのためには反省して終わりではなく、
①どのようなトラブルが起こったのか
②どのように対処したのか
③原因は何か。どうすれば防げたのか
④今後どのような対策をとればいいか
をノートに記録して、まず原因を客観的に分析する必要があります。そして再発防止策を考えて、それをいつまでに、誰が、どのように実行するかまで具体的に決めることが大事です。

●経験をノウハウに変える

人間はどうしても自分に甘くなりがちです。「プレゼンの準備に1日しか取らなかったので時間が足りなかった」というミスがあっても、やがて「準備は1日で何とかなった」と頭の中で都合よく変換されてしまうものです。そこで「次回は準備に絶対に2日は必要」と書いておき、次回からは冷静にそのノウハウを実行してください。

トラブルをノートに記録する

> データ入力のミスが多発している件
>
> 内容　2013. ■■■■■　15:35
> 　　　データにミスがあり、システムトラブルが起きた。
> 　　　　　→ 開発部 ■■■■ が対応
> 　　　以前にも同様のトラブルがあったため(2013.2.4、2013.3.
> 　　　スタッフや部署責任者への聞き取り、アンケート実施
>
> 原因　・過密スケジュールにより(休憩取らず)集中力の低下
> 　　　・チェック体制の不備
> 　　　・部署責任者の業務怠慢によりスタッフの
> 　　　　モチベーション低下
>
> 改善　① → 必ず休憩を取らせる　　…担当：■■
> 　　　　　シフトを作成　　　　　　　期日：2013.
> 　　　② → データチェック体制を　　…担当：■■
> 　　　　　整える　　　　　　　　　　期日：2013.
> 　　　③ → 責任者と話し合い　　　　…担当：■■
> 　　　　　場合によっては異動も　　　期日：2013.
> 　　　　　含めた対応

□ 失敗の原因をよく分析する

□ 単なる不注意のように思えるトラブルにも、実は深刻で根本的な問題が潜んでいるかもしれない

□ 改善策は案だけで終わらせず、具体的な実施期限なども設定して実行に移す

□ 頭の中だけでなく、ノートに書くことで、情報を皆で共有できる
□ ノートに書いたら気持ちを切り替えて、前向きに仕事に取り組もう

4 事前のメモ、ノートでスムーズに進む
会議前のメモ、ノート

●事前に資料をよく読んでおく

　会議に臨むときは、進行表などの資料があれば必ず目を通しておきます。今日はどのような話がされるのか、どのような順序で話されるのかを理解しておくと、会議の内容が理解しやすくなり、会議中のノートもとりやすくなります。また疑問点や不明点があれば、資料にメモしておきましょう。

　資料がない場合も議題はわかるでしょうから、今日は何を話すのかを頭の中でシミュレーションして、ノートに今日話す内容などをメモしておきます。

●開始前にノートを書く

　会議が始まる前に、ノートには日時、参加者、議題といったわかる範囲のことを書き込んでおきます。

　さらに疑問点、聞きたいこと、言いたいことがあれば箇条書きにしておきましょう。

　ノートには参加者の名前も必ず書いてください。参加者の顔と名前が一致しない場合には、ノートとは別の用紙に座席と名前をメモして置いておくと、見ながらメモできます。性別も記号などで入れておくと、よりわかりやすくなります。

議題などはあらかじめ書いておく

☐議題など事前にわかることはノートに書いて理解しておく

席順をメモしておく

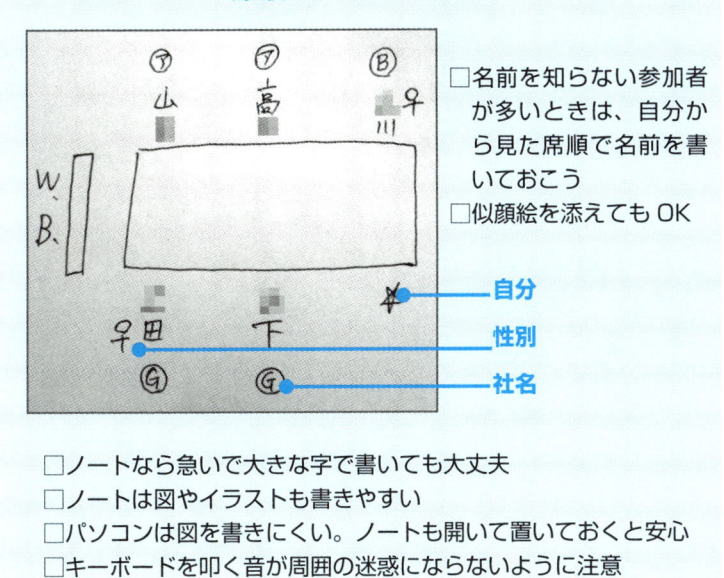

☐名前を知らない参加者が多いときは、自分から見た席順で名前を書いておこう
☐似顔絵を添えても OK

自分
性別
社名

☐ノートなら急いで大きな字で書いても大丈夫
☐ノートは図やイラストも書きやすい
☐パソコンは図を書きにくい。ノートも開いて置いておくと安心
☐キーボードを叩く音が周囲の迷惑にならないように注意

5 内容を理解しながら、ポイントをメモ
会議中のメモ、ノート

●話のポイントを押さえてメモを取る

　会議中の発言は、すべてを書きとめる必要はありません。何が話されているのかを十分に理解しながら、ポイントを書くようにします。全記録はICレコーダーにおまかせです。

　ただし結論だけを書くのはダメ。結論に至るまでにどんな意見が出て、どのような経緯でその結論に至ったのかも書く必要があります。またどの発言が重要か、最終的な決定事項なのかは最後にならないと判断できないので、とりあえず大事そうな発言はメモしておくと安全です。

　発言をメモするときは、発言者の名前を書くのも忘れずに。

　話が脱線しているときには、一息ついたり、これまで書いたものを見直したり、情報を補足する時間にしてください。

●ノートに十分な余白を持たせて書く

　会議のノートはぎっしり書かず、余白を十分に取りながら書くように努力してください。会議ではどうしても話の内容が前後したり、その場でメモしきれなかったりするので、後で情報を書き足すスペースが必要だからです。

　あらかじめ線を引いて余白を取ったり、ページの下まで文字で埋めず4分の1くらい残して改ページするといいでしょう。

ポイントを押さえてとにかくメモ

□発言者の名前も書く（似顔絵も可）

□「日付」「金額」は残らず記録

□線を引いてあらかじめ余白を取る

□不明な点は余白に書き出し後で確認

□下を少し残して改ページ。余白を持たせる

□ポイントを箇条書きにする
□きれいに書くのはムリ。自分が読めればOK
□罫線にこだわらず、大きな文字で1行飛ばしくらいに書き、とにかく書き留める
□話が前後することも多いので、追記のための余白を十分に取る
□手帳ではなく大きなノートにどんどん書く
□聞き逃したところは空白にしておく
□議題と結論だけでなく、結論に至るまでに出た意見も書く

6 メモを補足しながらポイントをまとめる
会議後のメモ、ノート

●議事録作成の前にノートで内容を整理する

　会議終了後に議事録を作成することもあると思います。作成の際はいきなりパソコンの前に座るのではなく、まずノートを開いて会議メモを見直しましょう。

　決定事項や重要な箇所は赤ペンで線を引くなどして強調。不明な部分には緑や青のペンで印をつけて、調べたり確認して書き込みます。補足が必要な部分があれば、調べるなどしていったんノートの余白に書くようにします。

　つまりノート上で議事録の内容を整理してから、パソコンを開いて議事録の作成に入るのです。こうすると、最初からパソコンに向かうよりもはるかに短時間で作成できます。

●議事録は進んで作ろう

　議事録の作成は面倒なので、できれば避けたいと考える人も多いでしょう。しかし他社との会議などの場合、相手に議事録の作成を任せてしまうと、こちらに有利な部分を省かれてしまう可能性もあります。

　自分で議事録を作成すれば、そのような事態は避けられます。とても重要な作業で、ビジネス文書作成の練習にもなりますから、進んで引き受けるくらいの気持ちでいてください。

ノートを見直し情報を補足する

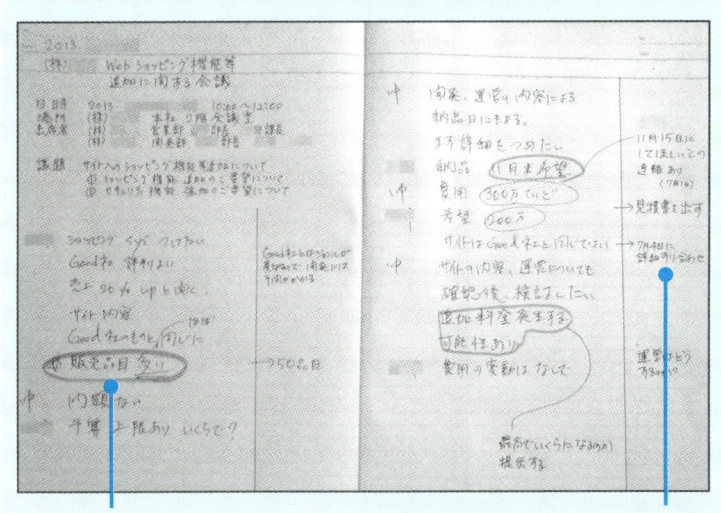

□ 重要部分は赤で囲む
などして強調

□ 会議中に書けなかった部分や補足
を書き足す。会議後、記憶が薄れ
ないうちに書くのがポイント

□ 議事録や資料は縮小コピーしてノートに貼っておく

ホワイトボードをデジカメで撮影する

少人数の気軽な雰囲気のミーティングでは、ホワイトボードに書かれたことを会議中、または終了後にデジカメで撮影してしまうと簡単です。撮影して記録することを前提に、ホワイトボードを活用しながらミーティングを進めるとよりムダがありません。

7 コミュニケーションを重視する
打ち合わせ・商談のメモ、ノート

●事前のメモで段取り良く進める

打ち合わせや商談に出向く際には、そこで何を決めるのか、何を話すのか、何を聞かれるのかなどを徹底的にシミュレーションし、ノートにリストアップしておきましょう。書き出すことによって頭の中が整理され、段取りよく進めることができます。

また当日の進行表を作って行って相手に渡し、話はそれに沿って進めてもいいでしょう。話の脱線が防げます。また進行表を見ながら相手が話をどんどん進めてくれることもあります。

●打ち合わせでは「日付」「数字」を決めるのを目標に

打ち合わせは、いつ何をするのか、納期はいつか、金額はいくらかといった決めるべき目標をノートに書き出し、明確にしてから臨みます。そして打ち合わせの場では、目標とした具体的な日付、予算などの「数字」を必ず決定してください。次の打ち合わせも「〇月〇日」と日付まで決めてしまうのがベストです。具体的な数字が決まったら、この打ち合わせは目的達成、ということになります。

打ち合わせ終了後には、その場で書ききれなかった補足をノートに書いておきます。スケジュールに関する情報は手帳にも書き移してください。

打ち合わせは何を決めるか明確にして臨む

□当日話し合って決める内容をあらかじめ書いておき、漏れがないように。5W2Hをチェックするとベスト
□相手に見えるよう、大き目に書いていく
□疑問点、伝えるべきことなどがあれば書いておく
□書き込みが十分にできるよう、余白を取っておく

```
2013.6.30(火)   11:00～
                AA社第一会議室
参加者: AA社　田中様　中山様
     BB社　山口
夏イベント打ち合わせ
1. 参加企業
2. 参加人数
3. 予算
4. 開催場所
5. 宣伝の方法
6. 当日のスケジュール
7. 各社の担当割り振り
  7-1. 衣装
  7-2. 当日朝の開門
  7-3. 買い出
8. 買い出し品目
```

●進行表を用意して相手に渡す
□話は進行表に沿って進める
□番号をふっておくとどこまで話が進んでいるのかわかる
□相手もこれから何が話されるのかわかるので、話が理解しやすい
□話が脱線しにくいので、余計な時間を取られない
□伝えたいことを確実に伝えることができる

●商談ではノートをコミュニケーションツールと考える

　商談だからといきなりお金の話に突入したら、誰だっていい気はしません。本題に入る前に、軽い世間話でコミュニケーションを取るのが一般的かと思います。コミュニケーションなくして、ビジネスは成立しにくいのかもしれません。

　商談のノートはその相手と内容にもよりますが、記録目的だけでなく「コミュニケーションの道具」として考えます。ノートは相手に見せながら書くようにするのです。

　たとえば相手の話が理解できないときはペンが止まりますが、その様子を見た相手が自ら説明をしてくれることもあります。キーワードと思える部分を赤ペンで囲っていると、それを見てさらに詳しく説明してくれることもあります。

　字が汚い、漢字が書けない、は気にしないでください。ノートをコソコソ書くよりも、ダメな自分もさらけ出して堂々と書くことが親近感につながり、さらに信頼につながることもあります。見せながらノートを書くことで、自然と相手とのコミュニケーションが深まり、話がスムーズに進むのです。

●最悪の状況も想定した問答集を用意しておく

　とはいえ自分の提案や意見がすんなり受け入れられることはめったにありません。そこで相手がどのような質問や突っ込みをしてくるかも想定して、可能な限りそれに対する答えを用意しておきましょう。これは別ノートで行います。考えられる限り最悪の展開も想定しておけば、いざそうなったときに多少のことでは動じずに話を進めることができるはずです。

見せながら書くことでコミュニケーションを図る

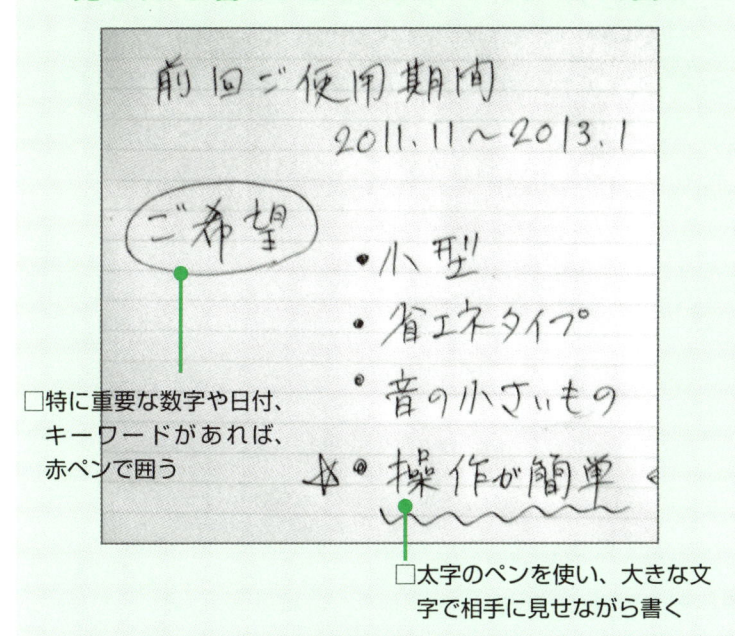

> 前回ご使用期間
> 　　2011.11〜2013.1
> (ご希望)
> ・小型
> ・省エネタイプ
> ・音の小さいもの
> ☆・操作が簡単

□特に重要な数字や日付、キーワードがあれば、赤ペンで囲う

□太字のペンを使い、大きな文字で相手に見せながら書く

□見開きで書き始める（関係ないページを見られないように）
□シンプルにキーワードを書きとめ、どんどん書き進める
□漢字が書けない、字が汚いは気にしない
□突っ込まれそうな箇所には答えを用意しておく
□自分がわからない点がないよう、よく調べておく

> 商談にタブレットを使う方法も広まってきましたが、タブレットは遊び道具というイメージを持つ人もいます。特に相手をよく知らない場合は避けたほうが無難。ノートを書くほうが仕事をしている感じで好印象です。

8 アイデアを生むメモ、ノート

アイデアはすぐに、すべてをメモする

●一人ブレストでアイデアをふせんに書き出す

アイデア出しを迫られているようなときは、とりあえず頭に浮かんだことをどんどんノートに書いてみましょう。一人ブレインストーミングです。頭に浮かんだアイデアをすべて書いたら、後で不要なものを捨てていけばいいのです。

ポイントは、思いつきをすべて書き出してみること。「これは使えないよな」などと否定的になってはいけません。とにかくすべてを書き出すことです。

手を動かして最初の一言を書いてみることで、次のアイデアを連鎖的にひっぱり出されてくることはよくあります。とにかく手で書くという行動を取ってみてください。

後で並べ替えたり、グループ分けできるように、ふせんに書いてノートに貼るというのはひとつの方法です。

●ふせんを並べ替えてみる

思いつく限りふせんに書き出したら、ふせんを大きな紙や下敷きなど、もっと大きな場所に移動させみましょう。その際、同じ種類のアイデアはグループ化するなどして、整理します。そしてアイデアの書かれたふせん群をじっくり眺めて、そこからさらに具体的で実現できそうなプランを探っていきましょう。

思いつきをすべてふせんに書き出す

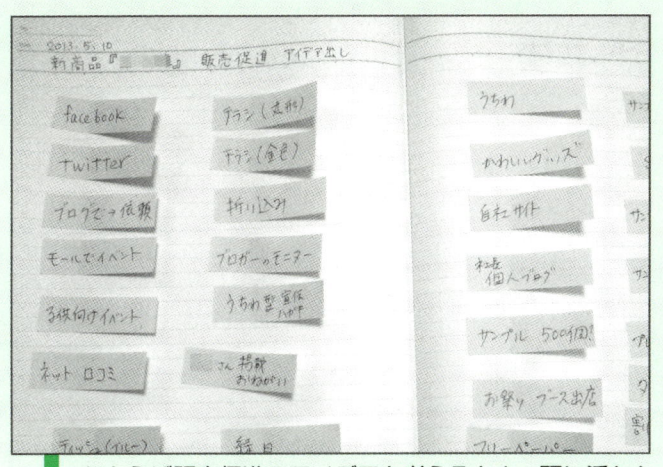

たとえば販売促進のアイデアを考えるとき、頭に浮かんだものをすべてふせんに書き出して貼る。この時点では、使えるかどうかを考えなくていい。すべて書き出す

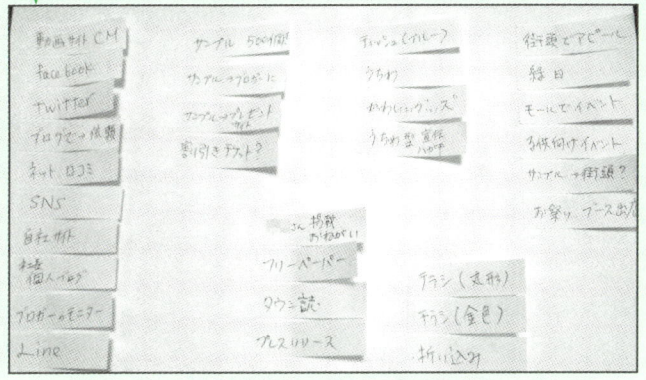

その後「ネット関連」「サンプル」などでグループ分けして貼り直したりして、さらに発想を膨らませる。
ふせんを眺めながら頭をフル回転させる

9 アイデアメモを形にしていく
アイデアを深めるノート

●仮のアイデアをノートに貼っておく

　たとえば「デスク周りが書類であふれてる。データ化について、後でいろいろ調べてみようかな」と思ったら、とりあえずふせんに書いてノートに貼りつけておきましょう。ノートは見開き2ページを、そのテーマのために開けておきます。

　その後、そのテーマに関する新たな思いつきや情報があれば、その見開きに同じように貼っておきます。そして時間ができたときに「そういえば電子化について掘り下げて調べて書いてみようか」と思ったら、ノートを広げてまとめていきましょう。

●テーマをノートで掘り下げてみる

　まずは思いつきのメモをノートに移すのが第一歩。しばらく置いておくことで、そのアイデアが本当に使えるかどうかの判断がつきやすくなります。

　ただしノートにアイデアを集めても、そのままにしておいたらそれ以上に発展することはありません。アイデアはふと頭に浮かぶものですが、それを具体的なプロジェクトなどに発展させる場合は、能動的に時間と頭を使って考える、という作業が不可欠です。まずはアイデアを保管、そして考える、という流れを作ってアウトプットにつなげてください。

思いつきはとりあえずノートに貼っておく

□後でじっくり掘り下げたい思いつきなどは、とりあえずふせんにメモしてノートに貼る。ノートは見開きで空けておいて、後で詳しくノートに書く

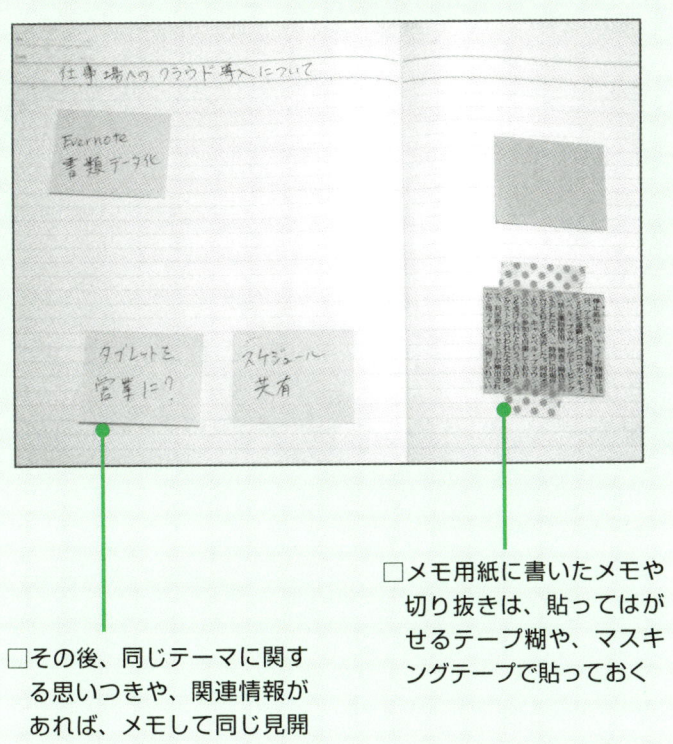

□その後、同じテーマに関する思いつきや、関連情報があれば、メモして同じ見開きに貼っておく

□メモ用紙に書いたメモや切り抜きは、貼ってはがせるテープ糊や、マスキングテープで貼っておく

10 キーワードを自由に大きくふくらませよう

マインドマップで頭を整理する

●マインドマップの書き方

マインドマップとは、メインキーワードから連想されるキーワードを次々に書き出して、思考を整理したり発想を広げるためのノート術です。書き方はざっと次のとおりです。
① 「これについて掘り下げたい」「頭の中を整理したい」というキーワードを紙の中心に書く。
② キーワードから枝（線）を伸ばし、連想する「単語」を書く。
③ さらにそこから連想する単語を書き出す。

●まずは「自己流」で描いてみよう

マインドマップは思考の整理から、会議のノート、企画立案にまで幅広く利用できます。

すでにマインドマップを見たこともある人は多いと思いますが、カラフルでイラストもいっぱいで、「とても自分には描けない」と思っているかもしれません。

でも黒ボールペン1本で書いてもいいし、イラストも特に必要ありません。自己流でかまわないので、とりあえず1枚「マインドマップっぽいもの」を書いてみてください。そうすれば、マインドマップの効果をきっと実感できるはずです。

自己流でマインドマップを書いてみよう

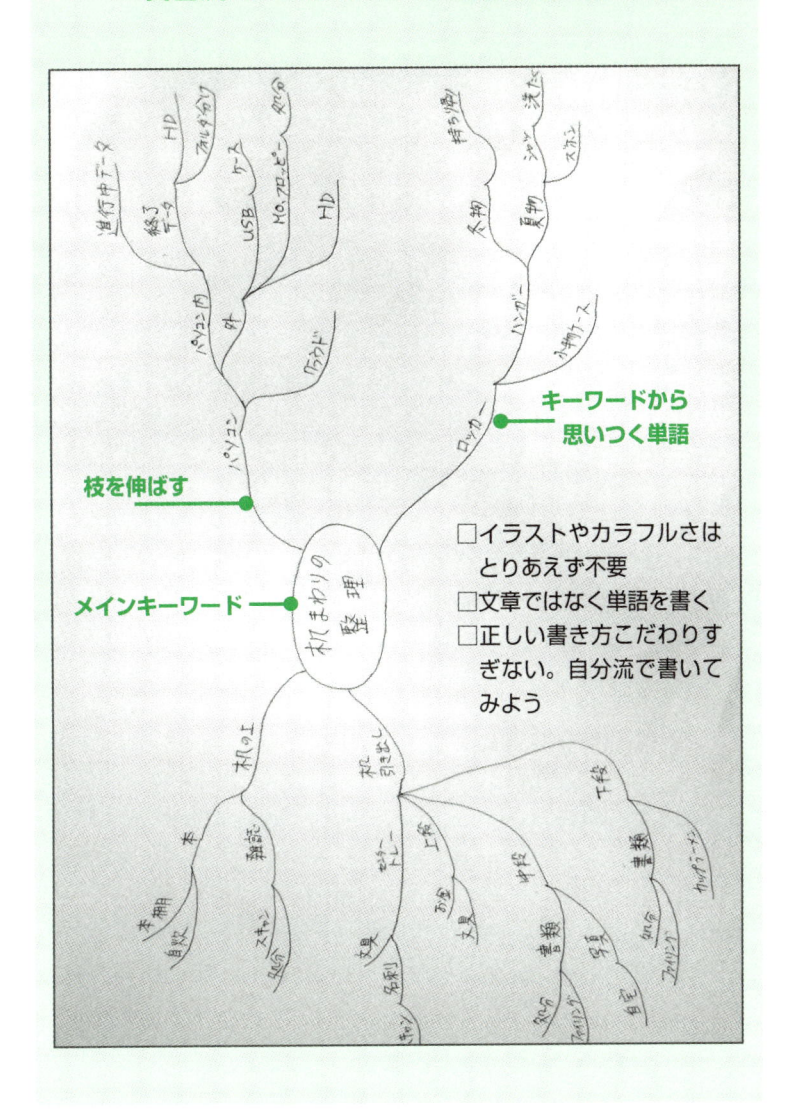

枝を伸ばす

メインキーワード → 机まわりの整理

キーワードから思いつく単語

☐ イラストやカラフルさはとりあえず不要
☐ 文章ではなく単語を書く
☐ 正しい書き方こだわりすぎない。自分流で書いてみよう

11 コーネル式を活用する
セミナーのメモ、ノート

●コーネル式でセミナーのノートを書いてみる

　セミナーにはせっかく時間とお金を使って参加するのですから、自ら積極的に学びとろうという姿勢で臨みましょう。

　そのためにはまず、そこで何を得たいのかをはっきりさせます。知識のレベルアップや現状の改善という目的がある場合は、今抱えている問題や疑問点をノートに書いて整理しておきましょう。問題解決のヒントを聞き洩らすことがなくなります。疑問点は講師に直接聞くことも可能になるでしょう。

　自分の感想もどんどんメモしてください。講師の言葉に同意できない点があれば、それも書いておきます。

　セミナーや講義のノートをとるときは、あらかじめページを３分割して書く「コーネル式」がよく使われます。効率よくセミナーの内容を吸収し、後で読み返すのに適したノート術です。

●セミナーの内容をアウトプットにつなげよう

　セミナーで学んだことは、後日ブログで発信したり、誰かに伝えるといったアウトプットにつなげてみましょう。自分がどれだけ内容を理解しているのかがわかります。また情報を発信するためにもう一度ノートを読み返し、自分なりの言葉でまとめる直すことで、より理解が深まるのです。

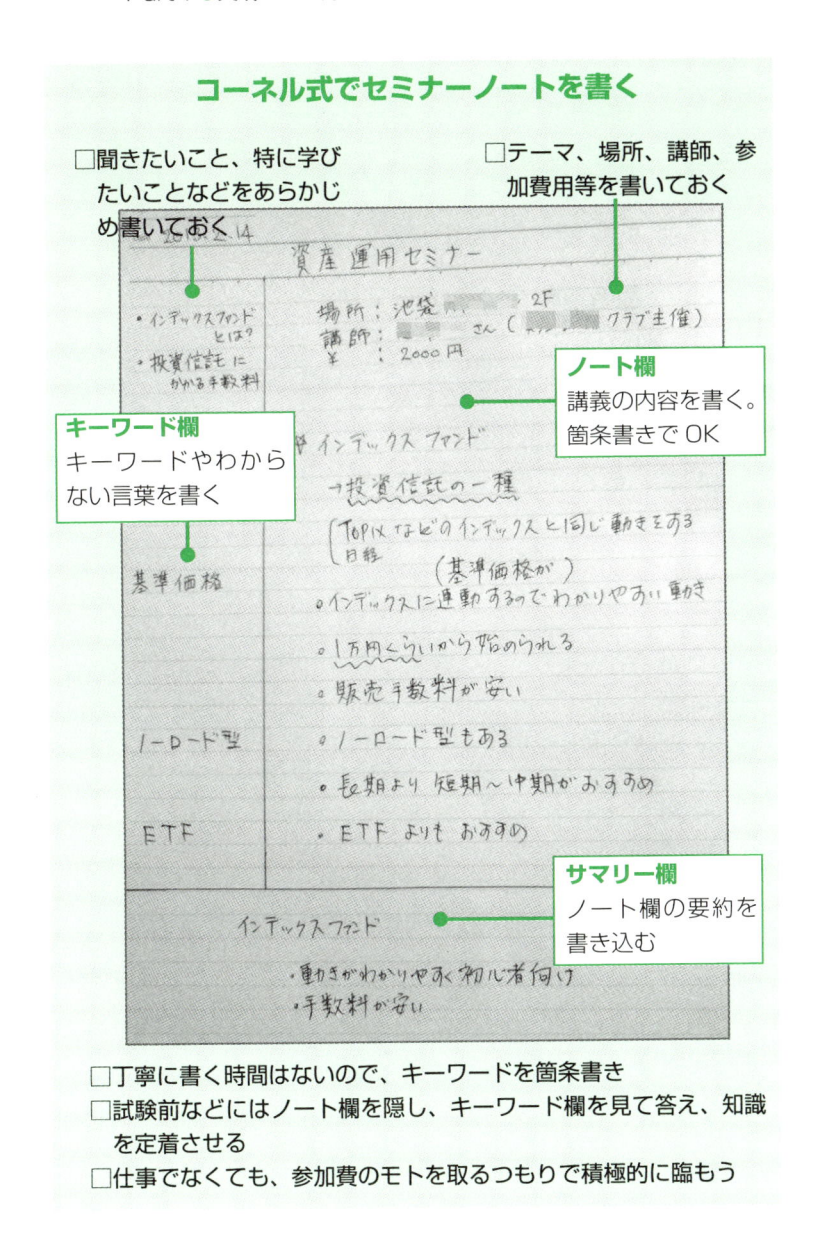

Part4 ●実践・メモ術ノート術　ノウハウの蓄積を財産にする A to Z

コーネル式でセミナーノートを書く

□聞きたいこと、特に学びたいことなどをあらかじめ書いておく

□テーマ、場所、講師、参加費用等を書いておく

ノート欄
講義の内容を書く。箇条書きでOK

キーワード欄
キーワードやわからない言葉を書く

```
資産運用セミナー

・インデックスファンド    場所：池袋■■■ 2F
　とは？              講師：■■さん（■■クラブ主催）
・投資信託モにかかる手数料    ￥：2000円

                  ★インデックスファンド

                  →投資信託の一種
                  ┌TOPIXなどのインデックスと同じ動きをする
                  └日経
基準価格              （基準価格が）
                  ●インデックスに連動するのでわかりやすい動き
                  ●1万円くらいから始められる
                  ●販売手数料が安い
ノーロード型          ●ノーロード型もある
                  ●長期より短期～中期がおすすめ
ETF               ●ETFよりもおすすめ

                  インデックスファンド
                  ・動きがわかりやすく初心者向け
                  ・手数料が安い
```

サマリー欄
ノート欄の要約を書き込む

□丁寧に書く時間はないので、キーワードを箇条書き
□試験前などにはノート欄を隠し、キーワード欄を見て答え、知識を定着させる
□仕事でなくても、参加費のモトを取るつもりで積極的に臨もう

12 まずは手書きの構想メモから始めよう
プレゼンテーションのメモ、ノート

●まずは情報収集から始めよう

　プレゼンテーションをするときは、まず「ターゲット」を明確にしてください。特に誰に対してプレゼンをするのか、年齢、性別、仕事、プレゼンする内容についての知識・関心があるかといったことです。何のためにプレゼンをするのかという「目的」も明らかにしましょう。商品を買ってもらいたいのなら、その商品のもたらすメリットを強く訴えていきます。

　そのうえで、何を、どんな順序で話すのかをよく考えて、全体を構成していきましょう。資料作成の手順は次のとおりです。
①情報収集
②全体の構成を考える（手書き）
③ラフを書く（手書き）
④パワーポイントで資料作成

　まずプレゼンに使う各種資料、図、写真、アンケート、新聞記事などの情報収集です。情報は主にネットで拾うという人は、エバーノートに情報一元化する方法もあります（第5章参照）。デジタルデータだけでなく紙の資料もスキャンして保存することができます。もしプレゼンが3部構成であれば、エバーノートに3つのノートブックを作り、それぞれに関連するノートを放り込んでいくと情報が整理されます。

プレゼンの構成をノートで考えよう

```
① 事業名 +α           お座敷で足を伸ばして
                     くつろげる ファミリーレストラン
                     『いなかや』

② 自己紹介           高校 → ホテル → 和食に

③ 背景               ファミレスはたくさん
   ・起業のきっかけ    → 洋食中心
   ・現状             → 20〜30代ターゲット
   ・統計             → 狭い、くつろげない
                     → 和食がほとんどない

④ ターゲット         ファミリー、友人
                     大人数グループ

⑤ セールスポイント   地元食材を使った
                          大皿料理
   ・店の特長        セルフサービス
   ・他店との違い
```

☐ パソコンではなくノートで構想を練ろう
☐ 全体の流れ、構成を考える
☐ 話す内容、順番などを整理する
☐ 提案内容に漏れがないか、5W2Hでチェックする
  Why……なぜやる？　　　What……何をやる？
  Where ……どこでやる？　When……いつやる？
  Who……誰がやる？　　　How……どのようにやる？
  How Much……いくらかかる？

●メモ、ノートでしっかり構成を考える

　情報がざっと頭に入ったら、いったんパソコンは閉じて紙のノートを開きましょう。プレゼンの構成はパソコンではなく、紙の上でじっくり練ります。ここではまだデザインなどの細かい点にこだわらず、大まかなストーリーを作ればOKです。

●ラフを書く

　構成が決まったら、今度はノートにスライド作成の下書きとも言えるラフを書きます。聞いてもらえるプレゼンをするには、「内容がわかりやすい」「ポイントを絞る」ことが不可欠。ダラダラ文章を書くのではなく、図やイラストをどんどん取り入れてください。文字の箇条書きよりもはるかにわかりやすく、興味を引きます。細かい字でくどくど説明しても、聞き手が眠くなるだけです。過剰な情報は削ってシンプルにしましょう。

　さて、ラフからパワーポイントで作りこんでしまいたいところですが、手書きのほうが自由に書けて書きなおしが簡単、発想も広がります。フォントやデザインといった細かいことも気にならず、どう図解するか、どう見せるかに集中できます。

●パワーポイントで資料を作成する

　ラフが完成したら、ようやくパワーポイントの出番です。ラフを見ながらタイトルまわりのデザイン、色やフォントといった細かいことを決めましょう。構成がしっかりできていれば、短時間で効率よく作成できるはずです。またラフがきちんと作成されていると、作業は他の人にお願いすることも可能です。

ページを8分割してラフを書いてみよう

左側にスライドのラフを書く。
これをもとにパワポで作成

1ページを8コマに分割

右側には左の補足、コメント、プレゼンのせりふなどを書く

ノート見開き2ページで8枚分のスライドのラフが俯瞰できる

見てもらえるスライドを作成するポイント
□図、写真、イラストをどんどん取り入れる
□文は箇条書きで短くする　　□文字は大きくする
□過剰な情報は削りシンプルに　□専門用語は避けてわかりやすく
□スライド1枚1メッセージ　　□スライドは10枚以内

13 読書ノート

本の情報を仕事や生活の中に取り入れるために

●メモは本に直接書き込む

　企画などのアウトプットを生み出すためには、たくさんの本を読んで積極的にインプットを増やす必要があります。

　特にビジネスパーソンとして何かを得たい、仕事に活かしたいのであれば、本にメモしながらアクティブに読んでください。

　「ここは重要」「レポートを書くときの参考になりそう」という部分には、「もったいない」という気持ちを捨てて本に直接マーカーで線を引いたり、思ったことをどんどん書き込んでしまいましょう。

　すると内容がより頭に入りやすくなるし、後で重要な部分を繰り返し読むことができます。特に実用書の場合、本は消耗品と思ってどんどん書き込みながら読んでいきましょう。

●ふせんを立てて、読み返す

　本への書き込みに抵抗がある人は、ふせんを使うといでしょう。ふせんには「企画に役立つ」「○○を詳しく調べる」など、何が気になったのかを具体的にメモしておきます。すると後で「どうしてここに貼ったんだっけ？」ということが起きません。ふせんにメモしながらどんどん読み進め、後でふせんの場所を読み返してください。

Part4 ●実践・メモ術ノート術　ノウハウの蓄積を財産にするA to Z

本に直接ラインを引き、書き込みをする

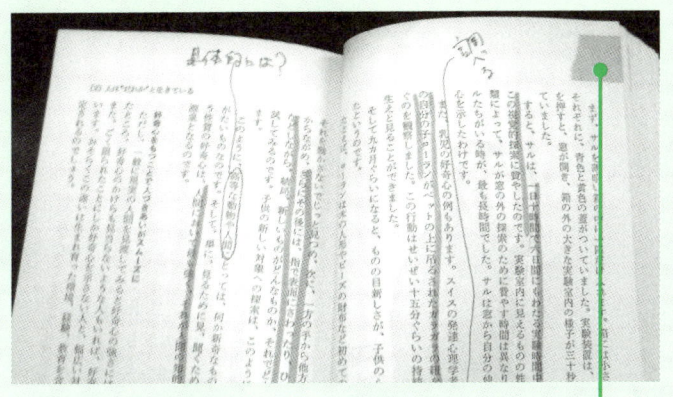

☐ 線を引いたり書き込んだりしながらアクティブに読んでいく

☐ 後で参照したいページに、ふせん替わりにマスキングテープを貼る手もある。ふせんのようにわさわさせずスッキリする

ふせんを立てて読み進む

☐ 疑問点や重要箇所にはふせんを貼り、後で見直す
☐ ただ貼るだけでなく、何がどのように気になったのか書く
☐ 「○行目」のように書いておくと、後で該当箇所が探しやすい

● どんどん読書でインプットを増やすと、アウトプットも増える！

●印象深い部分を切ってノートに貼る

　本を読んで心に残った部分や、仕事や生活に応用してみたい部分があれば、コピーをしてノートや手帳に貼っておくといいでしょう。

　本を切り取ることに抵抗がない人は、本を切り取ってしまうのが楽です。

　また本そのものを貼るのではなく、本のポイントを自分の言葉でまとめ直して、ノートに書いておくという方法もあります。

　忙しい毎日を送っていると、たとえどんなに感動した本でも、再び読むことははまずありません。でもノートに貼っておけば、読書の記録が残せるし、大事な部分だけ再び読み返すことができるのです。

　特に実用書の類は読んで「ためになった」と思うだけでは、せっかくの読書も時間とお金のムダになりかねません。本の中で自分の仕事や生活に活かせる部分は、実行するというアクションに移ることができてこそ、その本を読んだ甲斐があったということになるのです。

●印象的な言葉をノートに書き写す

　本を読んで特に印象に残った言葉やフレーズは、ノートや手帳に書き写しておきましょう。

　まずノートに感動した言葉を集めるページを用意します。そしてそこに随時書きとめておきます。興味のある分野についての発言を集めたり、好きな著者の言葉を集めたり、自分の好きなように書きとめてください。

読み返したい部分を本に貼る

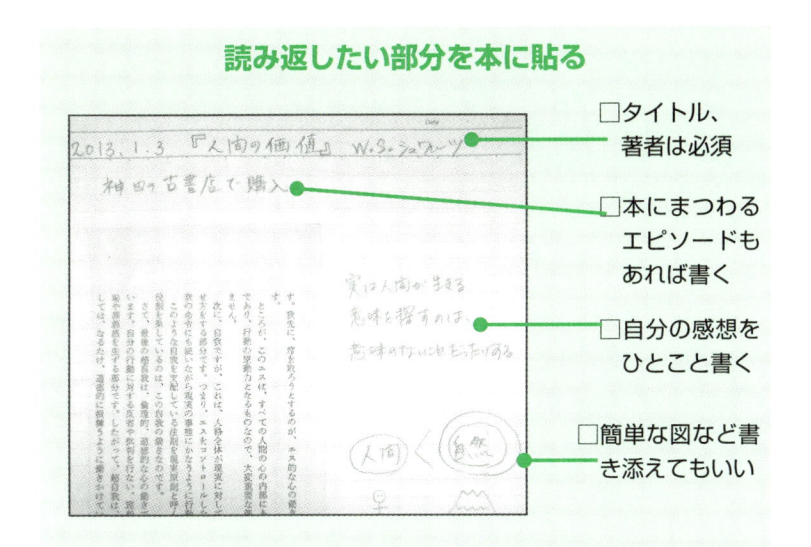

- □ タイトル、著者は必須
- □ 本にまつわるエピソードもあれば書く
- □ 自分の感想をひとこと書く
- □ 簡単な図など書き添えてもいい

印象的なフレーズをノートに集める

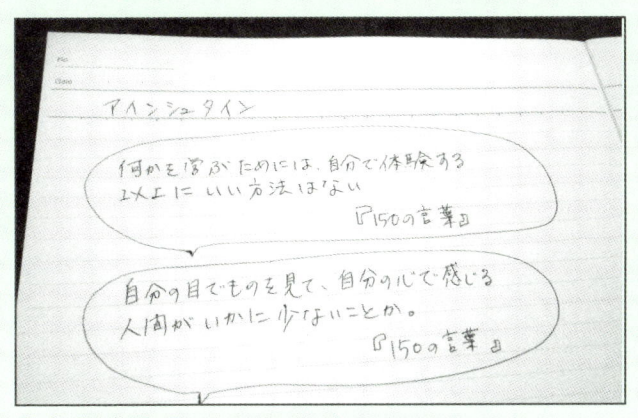

- □ 印象的なフレーズを書き写す
- □ 好きな著者や文化人の言葉を集めたり、興味あるジャンルで集めたりやり方はいろいろ
- □ 手帳に書くのもよし

14

書類、写真、チラシ、なんでも自由に貼れる！

ノートをスクラップブックにする

●ノートにいろいろな情報を貼ろう

　今は雑誌や新聞といった紙類は、スキャンしてデジタルスクラップにする人が多いのかもしれません。デジタル化すると、大量の情報を持ち歩く事が可能になるし、検索も素早くなります。これはアナログなスクラップブックにはありえない、大きなメリットです。

　けれども昔ながらのスクラップブックにも、デジタルにはない良さがあります。それは「見返すのが簡単で、読み返す機会が増える」ということ。これはとてつもなく重要です。

　そこで興味を持った新聞や雑誌の記事、展示会のチケットなどは、そのままノートに貼りつけて保管しておきましょう。貼る量が多い人は、スクラップブックとしてノートを独立させるのもひとつの方法です。

□自由にいろいろ貼れる
□ノートの余白をどうしても埋めたいときには、好きな写真などを貼るといい。コンサートのチケットなど、何を貼っても OK
□マスキングテープを使って貼りつけると、よりカラフルなノートになる

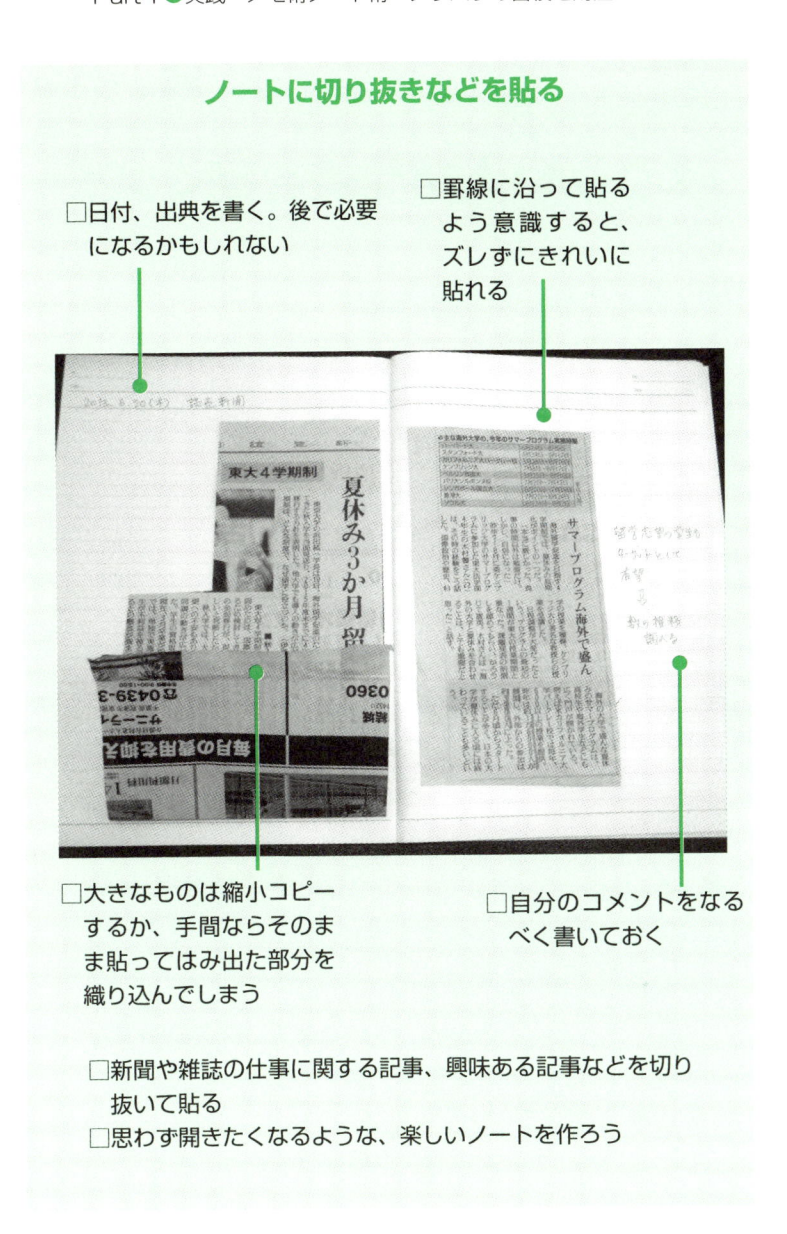

Part4 ●実践・メモ術ノート術　ノウハウの蓄積を財産にするA to Z

ノートに切り抜きなどを貼る

□日付、出典を書く。後で必要になるかもしれない

□罫線に沿って貼るよう意識すると、ズレずにきれいに貼れる

□大きなものは縮小コピーするか、手間ならそのまま貼ってはみ出た部分を織り込んでしまう

□自分のコメントをなるべく書いておく

□新聞や雑誌の仕事に関する記事、興味ある記事などを切り抜いて貼る
□思わず開きたくなるような、楽しいノートを作ろう

149

15 相手を気遣い会話をスムーズに進めよう
よりよい人間関係を築くメモ

●会った人の情報をメモしておく

　顔の広い人ほど会った人のことをよく覚えているし、気配りが行き届いています。「その後お体いかがですか？」などと、こちらを気づかう会話がさらっと出てくるのは、記憶力がいいからではなく、努力しているからです。

　まず相手に興味を持って、話を真剣に聞きます。そして次に会ったときに会話をスムーズに進められるように、その人の情報を簡単にメモしておきましょう。

●会話のネタと質問を用意して会う

　たとえばどんな会合で会ったか、何を話題にしたか、紹介してくれた人の名前、専門業務など。どんな食べ物やお酒が好きかは、店を選ぶときに参考になります。

　趣味や家族の話といったプライベートに関することでも、今後、話題にできそうな情報はメモしておきましょう。

　そして再びその人に会う前には、メモに目を通します。やりとりしたメールが、あればざっと目を通すとなおいいでしょう。少しだけその人のことを思い出す時間を作るのです。

　すると興味を持ちそうな話題をさりげなく振ることができるし、その人に聞いてみたい質問を用意しておくこともできます。

●個人情報は名刺にメモする

　会話の中で知り得た情報は、帰りの電車の中ででも名刺にメモしてしまいましょう。忘れないうちに書き込むのがポイントです。メモには名刺の裏面や余白を使います。

　記録しておくのは、あくまでも仕事上で必要な情報や、話題にできる情報のみ。くれぐれも意味のない個人情報の収集に走らないよう注意してください。

　なお会った日付はぜひ書いておいてください。名刺の右肩など同じ場所に書くルールにすると、日付での検索が簡単です。また「1年使わない名刺は捨てる」といったルールに従う場合、日付が必要になります。

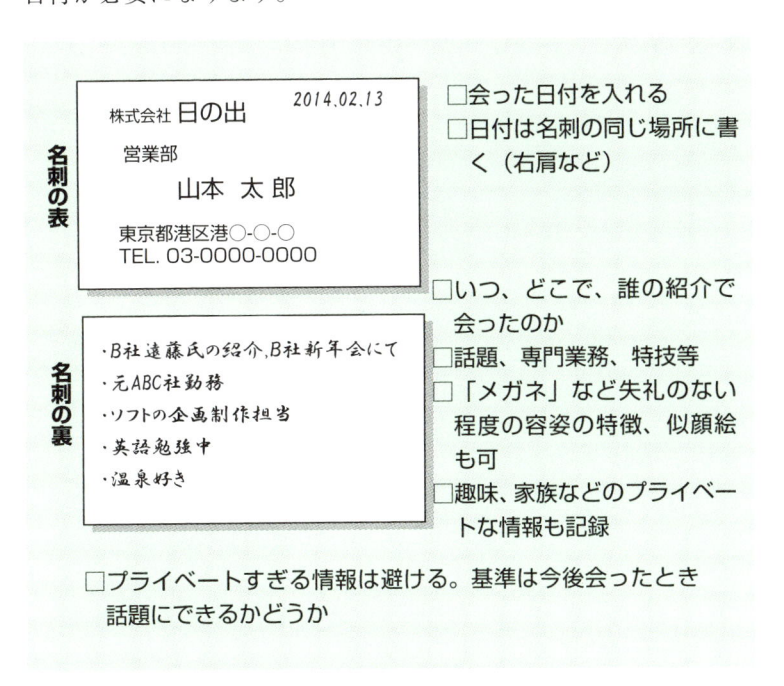

名刺の表

株式会社 日の出　2014.02.13
営業部
山本　太郎
東京都港区港○-○-○
TEL. 03-0000-0000

□会った日付を入れる
□日付は名刺の同じ場所に書く（右肩など）

名刺の裏

・B社遠藤氏の紹介、B社新年会にて
・元ABC社勤務
・ソフトの企画制作担当
・英語勉強中
・温泉好き

□いつ、どこで、誰の紹介で会ったのか
□話題、専門業務、特技等
□「メガネ」など失礼のない程度の容姿の特徴、似顔絵も可
□趣味、家族などのプライベートな情報も記録

□プライベートすぎる情報は避ける。基準は今後会ったとき話題にできるかどうか

100円ノートが生まれ変わる「ノートカバー」

　ノートは消耗品なのであまりお金をかけたくない、と考える人は多いいのではないでしょうか。でも客先で安い100円ノートを取り出すのは、ちょっと気が引けるときもあります。

　そんなときはノートカバーをつけると、安いノートも高級感が突然アップ。100円ノートがどこに持って行ってもはずかしくないノートに変身します。

　ノートカバーは機能面でもあなどれません。機能はカバーによって違いますが、たいてい表紙についているポケットには、名刺やふせん、各種資料、ペンなどを収納できます。しおりやペンホルダーがついているものもあります。

　高級牛革製からキャラクターものまで。サイズはA5、A5などノートに合わせて選べます。ノート＋スケジュール帳など2冊収納できるタイプ、厚みのあるリングノートにつけられるタイプデザインプなども販売されています。1000円ちょっとから購入できるので、ぜひ活用してみてください。

ビジネスパーソンらしさがアップ！
コクヨ SYSTEMIC

Part 5
デジタル&クラウド超メモ術
ササっと使える べんり術

1 アナログにはないメリットがたくさん
デジタルメモを取り入れよう

　スマートフォンやノートパソコン、タブレット等の所有が当たり前の時代となり、デジタルツールを使ってメモを取る機会も増えてきました。紙のメモ、ノートの魅力は今でも衰えることはありませんが、デジタルメモには紙のメモ帳やノート、手帳にはないメリットがあります。少しずつ取り入れてみてください。

アナログにはないメリットがたくさん

　デジタルメモのメリットはいろいろありますが、紙との最大の違いは「大量に所持してもかさばらない」「検索が簡単」という点でしょう。もちろん、いきなりメモ、ノート、手帳をすべてデジタルに切り替えるというのは現実的ではありません。デジタル、アナログどちらかに絞るのではなく、よい部分を取り入れるところから始めてみてください。

「スマホでメモ」は相手を選ぼう

　ビジネスパーソンの必須アイテムとなったスマホですが、「スマホは遊び道具」という認識の人もまだまだたくさんいます。とくに相手がクライアントや上司の場合は要注意。実際、アプリを起動したりメモするのに時間がかかり、相手をイライラさせてしまうこともあります。相手や状況を選んで使いましょう。

デジタルメモ、ノートを取り入れたい理由

●画像や音声のメモも取れる
テキスト（文字）だけでなく、写真、音声、動画、ウェブサイトの情報などあらゆる種類のメモが取れる。

●いつでもどこでもメモできる
中でもスマートフォン、ケータイは常に持ち歩くツール。電車の中でも片手で操作できるので便利。

●一瞬で簡単・正確にメモできる
写真で撮影してしまえば書き写す必要がなくなり、一瞬でメモできる。転記ミスも起きない。

●情報かさばらず、大量に持ち歩ける
容量を気にすることなくどんどんメモできる。たくさんのメモ、ノート情報を常に持ち歩いてチェックすることができる。

●情報検索が簡単
大量のメモがあっても、キーワード検索で瞬時に探し出すことができる。タイトルなどで並べ替えることも可能。

●レポートなどに利用しやすい
テキストや画像をパソコンに取り込んで、そのままレポートや企画書、プレゼン資料などに使うことができる。

●メール送信できる
メールを使えば、メモしたテキスト、写真、動画などをすぐに誰かに送って見てもらうことができる。もちろん自分宛てに送ってあとで読むことも可能。

●情報収集がしやすい
インターネットに接続すれば、ウェブサイト、ブログ、ツイッター、フェイスブックなどから最新情報を拾ってメモできる。

2 写真、動画メモを活用する

書類、ホワイトボード、看板、状況、商品……

デジタルカメラやスマートフォンのカメラで写真メモを撮る方法は、今ではすっかりおなじみとなりました。文字で表現する面倒さがないうえに、情報が瞬時に、正確にメモできます。写真や動画でメモできる場面では、どんどん画像に置き換えましょう。

状況などを写真でメモする

写真なら、現場の状況、色や形など、文字で正確に記録するのは難しい情報も一瞬で記録できます。たとえば商品の形や破損の状況などです。また現場の視察に行ったら、本当に必要かどうか考えずにどんどん撮影してしまえます。街で見かけた面白い建築物、看板などもどんどん撮影してしまいましょう。

写真はパソコンに取り込んで、報告書やプレゼン資料などに使用することができます。言葉よりもリアルに状況を伝えられ、読む人の興味も引きやすいので、積極的に取り入れましょう。

現場の状況 　　商品の色や形 　　ケーブルの接続状況

Part5 ●デジタル&クラウド超メモ術　ササっと使えるべんり術

文字を撮影する

　A4書類、本や雑誌、新聞などの文字も、十分に読めるレベルで撮影できます。掲示物、会社の備品の新聞など、コピー機でコピーできないものでもOKです。書き写すよりも圧倒的に楽だし、転記ミスも起きません。後で紹介するエバーノートなどに保存すると、写真内の文字での検索もできるようになります。

Ａ４の書類

ミーティングでのホワイトボードへの書き込み

動画でメモする

　たとえば機械やパソコンの操作などは、文字で記録するよりも動画のほうが実際の手順や動きがわかりやすくなります。動画マニュアルを作って、社内で共有することもできるでしょう。

職場のマナー講座

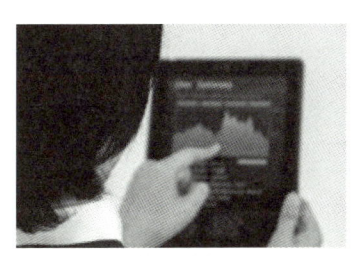

作業の手順

3 音声で情報を記録する
音声メモ

　情報を音声で記録するのが音声メモです。ICレコーダーならワンタッチで録音できるうえ、長時間録音も可能。スマートフォンやケータイもちょっとした録音にならじゅうぶん使うことができます。なお録音したい状況は突然やってきます。確実に録音できるよう、録音機能の使い方を普段からよく確認しておきましょう。

ICレコーダーで会議、セミナーを録音する

　録音＆再生機能については、当たり前ですがICレコーダーのほうがスマホよりもかなり優れています。ボタンを押すだけですぐに録音に入れるし、会議、取材、セミナーなどでの何時間にも渡る録音も可能です。録音しておけば何度でも聞き直しできるし、安心感は絶大です。後で聞き直すかもしれないものは、とりあえず録音しておいても損はないでしょう。

議事録作成は音声メモに頼りすぎない

会議を録音している場合も、メモを取るようにしてください。そして議事録はメモを参考に作成します。「録音してるからメモしない！」となると、議事録作成時に最初からすべて聞き直さなければならず、膨大な時間のムダになります。メモできなかった部分のみ聞き直したほうが、ずっと効率がよくなります。

自分でレポート&録音する

たとえばひらめいたアイデア、街で見かけたレストランの店名と電話番号など、メモしたいことを自分でつぶやいて録音してしまいます。現場の状況を実況してもいいでしょう。スマホやケータイを使えば、一人つぶやいていても「電話してるのかな?」くらいで違和感がありません。運転中で両手がふさがっているとか、暗くてメモが取れないときでも OK です。

このような録音時には、常に持ち歩くスマホが向いています。なおスマホに標準でついている録音アプリは「機能的にいまひとつ」と感じる人は、無料・有料のボイスレコーダーアプリを利用すれば使い勝手がよくなります。

音声メモのメリット
- 本来の目的である話を聞くことに集中できる
- 何度でも聞き返すことができる
- 自分の声でメモできる
- 立ったまま、歩きながら、暗いところでも録音できる
- 周囲に気づかれず、こっそりメモが取れる

こっそりメモをとる

小型 IC レコーダーやスマホをポケットに忍ばせておけば、相手に気づかれず録音できます。

上司がとんでもなく早口で指示の内容がすべてメモできない、相手の発言を証拠として残したい、といった場合には役立つはずです。ノックするだけで録音できるペン型の IC レコーダーも発売されています。

ペン型 IC レコーダーは隠れた人気商品

4 デジタルツールを100倍活かす
クラウドのよさって何？

　デジタルメモ＆ノートを導入するとき、注目したいのが「クラウドサービス」です。クラウドサービスの導入により、デジタルメモは100倍活かせるようになるはずです。

インターネット上にデータを保存する

　クラウド（cloud =「雲」）とは、インターネットでつながった無数のパソコンの上に、巨大な雲のように広がるサーバー群のことを意味します。

　これまではパソコンでデータを作成したら、そのままパソコン内に保存していました。これをクラウド（インターネット）上に保存しようというのが、クラウドコンピューティングです。

　データをクラウド上で保管・管理すると、自宅でも、カフェでも、電車の中でも、インターネットに接続すればデータにアクセスできます。使うのは会社のパソコン、自宅のノートＰＣ、スマートフォン、タブレットなど、何でもかまいません。

　また、これまではソフトをパソコンにインストールしていましたが、ソフトもクラウド上のものを使うことができます。

　パソコンが壊れた、スマホが水没したというときも、クラウド上に保存されたデータは無事です。ソフトを新しいパソコンにインストールし直す必要もありません。

Part5 ●デジタル&クラウド超メモ術 ササっと使えるべんり術

時間や場所に縛られず、どこでも仕事ができる!

　クラウドコンピューティングでは、データをクラウド上に保存し、ソフトもクラウド上のものを使うことになります。

　つまりいつでも、どこにいても、データを読んだり手直ししたりできるのです。必要なのはインターネット環境と、インターネットに接続できる端末(パソコン、スマートフォンなど)だけ。時間や場所に縛られずいつでもどこでも仕事ができる、いわゆるノマドワークが可能になるのです。

　これまでのように仕事を自宅に持ち帰るためデータを USB に保存したり、メールに添付して自分宛てに送ったりという手間もかかりません。緊急時に外出先で急いでデータを修正したり、休憩中のカフェで書類作成の続きをするといったことも可能になります。

●クラウドのしくみ

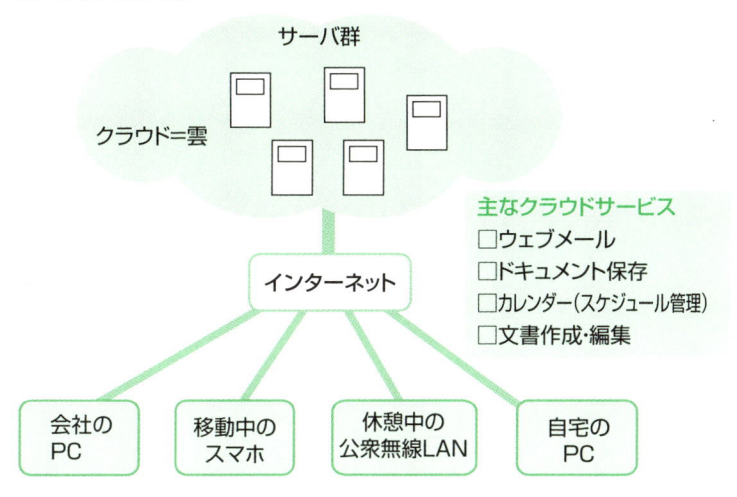

サーバ群

クラウド=雲

インターネット

主なクラウドサービス
- □ウェブメール
- □ドキュメント保存
- □カレンダー(スケジュール管理)
- □文書作成・編集

- 会社のPC
- 移動中のスマホ
- 休憩中の公衆無線LAN
- 自宅のPC

5 個人でも、無料でも使える
主なクラウドサービス

　主なクラウドサービスは、誰でも無料で利用することができます。メモに使えるサービスにはどんなものがあるのでしょうか。

個人向けの主なクラウドサービス

　主なクラウドサービスには、「ドキュメント保存」「ウェブメール」「カレンダー（スケジュール管理）」「文書作成・編集」などがあります。いずれも会員登録を行なってアカウントを取得すると利用できます。主な機能は無料で利用可能です。すでにインターネット環境とパソコン、スマホ等の端末を持っているなら、費用は特にかかりません。

「同期」って何？

　スマホを使っていると耳にする「同期する」とは、パソコンやスマホ内のデータとインターネット上のデータを同時に更新すること。同期することで、パソコン、スマホなどから同じ最新のデータを見ることができるようになります。

　たとえば「カレンダー」にパソコンから予定を入力して同期すると、スマホからも同じく最新のカレンダーを見られるようになります。わざわざパソコン、スマホ両方のデータを更新する必要はありません。

メモ、ノートに使える主なクラウドサービス

●エバーノート Evernote（ストレージ）
テキストデータ、画像、音声、動画などさまざまな情報を記録・保存する。スクラップブック感覚で情報をメモできる。

● Dropbox（ストレージ）
書類や画像などの各種データをインターネット上に保存できる。ワードやエクセルなどどんなファイルでも預けられ、どこでもデータ取り出せる。

● Gmail（ウェブメール）
メールのデータがパソコン内ではなくインターネット上に保存されるウェブメールサービス。ネット環境があればいつでもどこでもメールの送受信ができる。

●グーグル・カレンダー（スケジュール管理）
スケジュールを入力して管理する。パソコンやスマートフォンのスケジュール、カレンダー機能と同期できるサービスもある。

● Google ドキュメント（文書作成・編集）
インターネット上で使える Office のようなもの。ワープロ、表計算、プレゼンテーションなどの文書が作成できる。やりかけの仕事を入れておくと、どこにいても続きの作業が行える。

● Remember The Milk（タスク管理）
日々発生するタスクを登録して、管理することができる。リマインダーも利用できる。

6 「すべてを記憶する」クラウドサービス
「エバーノート」を活用しよう

　メモ、ノート向けのクラウドサービスのうち、最も広く支持されているのが「エバーノート（Evernote）」でしょう。基本的な機能は無料で利用できます。ここでは「エバーノートでこんなことができる」ということを中心に紹介していきます。

すべてのメモ、ノートを一元管理する

　「永遠のノート」を意味するエバーノート（Evernote）は、さまざまな情報を記録・保存するためのクラウドサービスです。テキストだけでなく画像、音声、動画、ウェブサイト、PDFなど、さまざまな情報をスクラップブックに貼りつけるような感覚で保存できます。しかも「テキスト＋写真」のように組み合わせてメモすることも可能です。すべてをクラウド上で管理するので、いつでもどこでもメモを参照できます。

エバーノートで保存できる情報の例	□思いつきを入力したメモ（テキスト） □取材の録音データ □経験した仕事の記録（テキスト） □役に立つウェブページ □会議資料のPDFデータ □PC操作方法を録画した動画 □視察先で撮った現場の写真 □手書きメモをデジカメで撮影した写真　など

Part5 ●デジタル＆クラウド超メモ術　ササっと使えるべんり術

どんなことをメモするのか

　エバーノートには何をメモしてもかまいませんが、一例として次のような使い方ができます。

□仕事の資料になりそうなウェブサイトをクリップ。

□出張に行ったら旅費などを記録。現地でもらった資料や撮った写真、メモなども保存。

□旅行計画を立てるため、地図、ウェブページなどを保存。旅行中はそれを参考にして、写真、旅日記なども記録。

□買い物リストを作り、必要なら写真も入れて保存。買い物に行ったときに確認。

□珍しいビールを飲むときには、ラベルを撮影して感想も記録し、ビールリストを作成。

●情報は「ノート」に記録して保存する

写真
音声データ
PDF
スクリーンショット
テキスト
（エバーノートで入力）
左欄で選んだノートが右側に表示される（パソコンの場合）

さまざまな種類のデータが保管可能

7 エバーノート活用①
エバーノートでメモしてみる

　エバーノートを使うには、まずスマートフォンやパソコンに「Evernote」をインストールしてください。アプリが起動したらアカウントを作成して、さっそくメモを取ってみましょう。

「新規ノート」画面でメモを作成してみよう

　エバーノートでメモする場合は、まず「新規ノート」を開きます。するとノートの編集画面が開くので、タイトルを入力。文字でメモしたい場合は、ここにテキスト入力しましょう。

　写真やPDFは、ノート編集画面にドラッグ＆ドロップするだけ。1つのノートに、テキスト＋画像など別の種類の情報をいっしょに保存することもできます。保存したノートは自動的にサーバーと同期され、エバーノートがインストールされているすべてのパソコンやスマホからアクセスできるようになります。

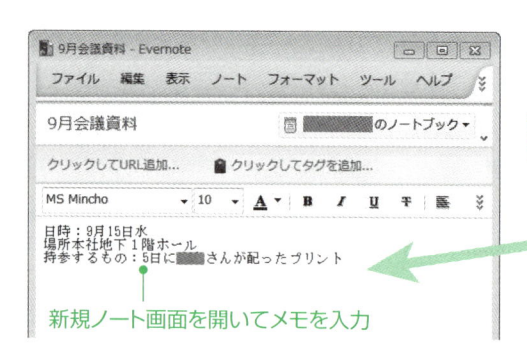

新規ノート画面を開いてメモを入力

画像やPDFは入力画面にドラッグ＆ドロップするだけ

Part5 ●デジタル&クラウド超メモ術　ササっと使えるべんり術

ノートは「ノートブック」で整理・分類

　エバーノートでは、作成したノートを「ノートブック」に保存します。ノートブックとはノートをたくさん入れることができる入れ物で、フォルダのようなものです。まずは「Aプロジェクト」「読書記録」「旅行」など自分に必要なノートブックを作り、作成したノートをそこに分類しましょう。

　さらに細かく分類したい場合は「タグ」を使います。ただしタグは少々複雑なので、最初はノートブックだけで十分。必要を感じたら活用するといいと思います。なおすべてのノートにタグをつける必要はなく、必要なノートだけでじゅうぶんです。

●ノートブックの分類の例

仕事ごとに分ける ▶	「プロジェクトA」「プロジェクトB」「プロジェクトC」
情報の中身で分ける ▶	「仕事」「趣味」「家族」
ノートの種類で分ける ▶	「テキスト」「画像」「ウェブクリップ」「PDF」

●面倒のない分類の方法

必要なノートブックを作る
⬇
　　　　　ノートブックが複数あるとき、新しいノートをどのノートブックに入れるか指定しないと「既定のノートブック」に入る

どんどんメモをとる。
ノートは「規定のノートブック」に
とりあえず入れておく
⬇
　　　　　とりあえずメモだけとって、分類は後回し。「既定のノートブック」に入れて放置

時間があるときに
「規定のノートブック」内のノートを
ノートブックに振り分ける
　　　　　「その他」のようなノートブックを作っておき、分類に悩むノートはすべてそこに放り込む

8 エバーノート活用②
書類をスキャン、データ化する

　机のまわりが書類であふれかえっている人は、書類をスキャン、あるいはデジカメやスマホで撮影→エバーノートに保存すると、見違えるようにスッキリします。

スキャンすればデスク周りがスッキリする

　大量の資料や本、名刺、領収書といった紙類の整理がつかない人は、スキャナで読み取る、あるいはスマホで撮影するなどしてエバーノートで保存する手があります。すると特に重要でない書類は捨てることができます。どうしても取っておきたい重要な書類のみ、クリアファイルなどで保管すればいいのです。これで机まわりは劇的にスッキリします。

　データ化する第一のメリットは、このように書類が片付いてスペースが有効に使えること。仕事にもやる気が出てきます。

山のような書類、ノート、紙類

エバーノートに保管すれば
USBメモリさえ必要ない

「ScanSnap（富士通）」など、スキャンしたデータをダイレクトにエバーノート上にアップロードできるスキャナも発売されている

OCR機能でキーワード検索が可能になる

書類が片付くこと以外にもメリットがあります。エバーノートにはOCR機能があるので、印刷された文字をデータとして読み取ることが可能になるのです。つまりキーワード検索ができるので、情報探しがとても楽になります。これもエバーノートを使う大きなメリットの一つです。また手書き文字も認識して検索対象となります。これも想像以上の精度の高さで、かなり検索に使えます。

画像中の文字も認識できます。たとえば名刺やお店の看板、手書きのメモや手帳の写真をアップロードすると、写真の中の文字で検索することができるのです。この機能を利用すれば、名刺をスキャンしてデータベース化したり、撮影したレストランの看板写真から店舗を検索することも可能です。

●**手書き文字も検索できる**

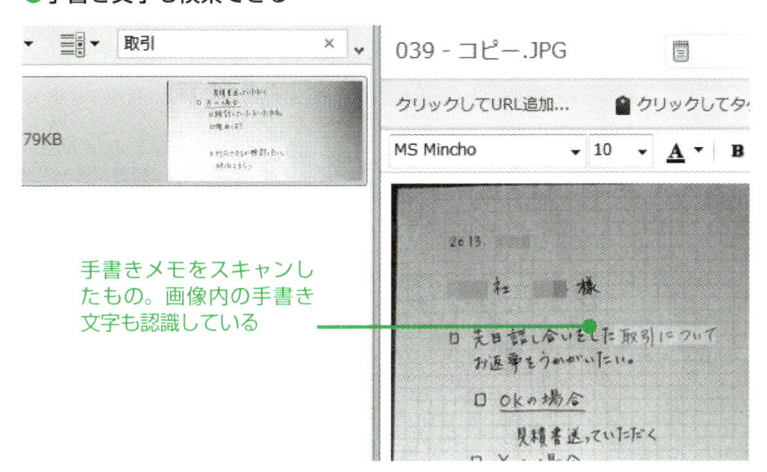

手書きメモをスキャンしたもの。画像内の手書き文字も認識している

6 エバーノート活用③
ウェブページをクリップする

　参考になるウェブサイトは、「お気に入り」登録の替わりにエバーノートに保存する方法もあります。

「Webクリッパー」でウェブページを保存する

　インターネットで「参考になるな〜」という情報を見つけたら、「お気に入りに登録」する人が多いと思います。

　けれどもサイト内の1ページだけ参考にしたいとか、お気に入り登録するほどでもない、ということもよくあります。また「お気に入り」に登録しても、サイトが削除されてしまったら見られなくなってしまいます

　そんなときはエバーノートの「Webクリッパー」を使って保存してみましょう。Webクリッパーを使えば、サイト内の気になるページだけ保存することができます。広告など余計な部分は省いてクリップできるのでスッキリ。サイトが閉鎖されても、いつでもクリップした記事を読むことができます。

　もちろんスクリーンショットを撮って保存するといった方法もありますが、いちいち画像を開いたり、ファイル名で探すのが結構面倒です。エバーノートなら画像をノートにそのまま貼りつけることができるので、その面倒がありません。

ウェブページがテキスト検索できる

インターネット・エクスプローラー（IE）ではタイトルでしか検索できないので、大量に「お気に入り」登録をしてしまうと目当てのサイトを探し出すのが大変です。

でもエバーノートだとページ内のテキストも検索の対象となるので、より早く、高い確率で情報が見つかるはずです。

● Web クリッパーの使い方

エバーノートをパソコンにインストールすると、IE のコマンドバーにエバーノートのボタンが追加さます。IE でウェブページを表示したままボタンを押して、好きな保存方法を選んでウェブページを保存します。

● Web クリッパーでページを保存する

「記事を保存」「ページ全体を保存」
などから選んでクリック

7 エバーノート活用④
エバーノートを仕事に活用する

　何でも保存できるエバーノートは、さまざまなビジネスシーンで活用することが可能です。

会議の記録を管理する

　会議に関する資料を、すべてエバーノートで管理します。

　たとえば会議をスマホやICレコーダーで録音したら、音声データをエバーノートにアップロード。またホワイトボードに書いたものはカメラで撮影してエバーノートへ。配布資料はスキャナで読み取り、PDFに変換してエバーノートへ。会議中のメモや作成した議事録もエバーノートへ。

　すると会議に関する資料がすべて集まるので、後で参照したり、議事録を作成するのが楽になります。他の人と共有することも可能です。

●会議の関連資料をエバーノートに集める

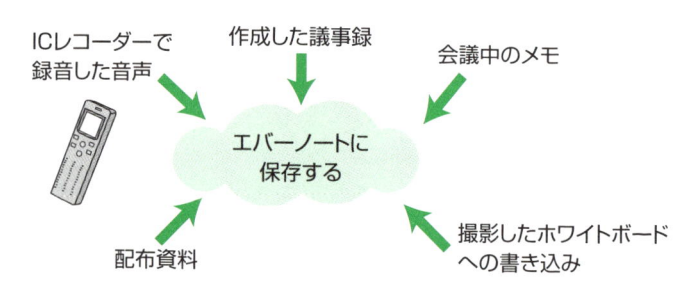

- ICレコーダーで録音した音声
- 作成した議事録
- 会議中のメモ
- 配布資料
- 撮影したホワイトボードへの書き込み

→ エバーノートに保存する

Part5 ●デジタル＆クラウド超メモ術　ササっと使えるべんり術

進行中の仕事を管理する

　現在進行中の仕事関連のファイルやデータを、エバーノートでまとめて管理します。まず「ノートブック」を新たに作り、「Aプロジェクト」のように進行中のプロジェクトの名前をつけます。そしてそのプロジェクトに関する資料（ファイル）を、すべてそこに入れておきます。たとえばPDFの資料、ウェブで検索した情報、手書きメモ類、写真などです。

　なおワードやエクセル、パワーポイントの書類はファイルとして添付することで保存でき、ファイル名での検索が可能です。ただしファイル内の文字を検索したい場合は、有料サービスを利用することになります。

　パソコンでもプロジェクト名をフォルダにつけて、進行中のデータをすべて入れておく、ということはよくします。ただしこの方法だと仕事の続きを自宅でしたり、外出先でデータを参照したいときにはUSBに保存するなど、けっこう面倒です。

　またデータをUSBに保存し持ち出しているうちに、古いデータを修正してしまった、といったトラブルも起きてきます。エバーノートを使えばその心配もありません。

●進行中の仕事の関連資料をエバーノートに入れておく

Aプロジェクト

書類　PDF　ウェブサイト情報
手書きメモ　写真　など

□管理が楽
□自宅でも外出先でも、データを持ち歩かずに作業できる

名刺を管理する

● OCR機能で、名刺内の文字で検索できる

　もらった名刺はスマホで撮影、あるいはスキャンして、エバーノートにアップロードします。すると名刺をデータとして保存できるのはもちろん、社名や名前で検索できるようになります。手書き文字もある程度認識するので、名刺にメモした文字でも検索できるかもしれません。

　いったんデータ化してしまえば名刺は捨てられるので、紙のまま保存するよりも整理、検索の手間はかかりません。

　スキャンする方法のほかに、「ページカメラ」などのカメラアプリを使って撮影すると簡単です。アプリを起動して撮影すると、傾きを修正するといった自動補正をしてくれるのでかなりきれいに名刺データが残せます。

●名刺に関するメモがいっしょに保存できる

　いつ・どこで会ったのか、趣味は何かといった情報を、名刺の画像データといっしょに入れておくことが可能です。

●名刺をエバーノートで管理する

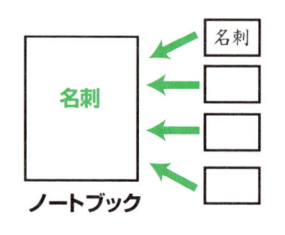

□「名刺」というノートブックを作り、名刺の画像データをとりあえず放り込んでおく
□ノートのタイトルは「社名＋名前」など

> 社名などで検索すると、エバーノートに保存した関連情報（商品等）もヒットするので便利

Part5 ●デジタル&クラウド超メモ術　ササっと使えるべんり術

紙のノートをデータ化する

　ノートは紙のノートのままで保管・管理すれば十分なのですが、「どうしても検索性を高めたい」「たくさんあってじゃまなのでスッキリさせたい」という場合は、データ化してエバーノートに入れてしまうのも一つの方法です。

　手間はかかりますが、いったんスキャンしてしまえば、紙のノートをさっぱり捨てることができます。

　またOCR機能で手書き文字もある程度認識するので、ノートに書かれた文字でキーワード検索できるようになるのもメリットです。ただし読みにくい文字、かすれた文字だとOCRは認識できません。タイトルだけでもきれいに書いておきましょう。

　ノートの一部分のみをデータ化するときは、デジカメで撮影すればＯＫです。すべてデータ化したいときは、ノートを裁断してスキャンすると早く処理できます。

クラウドでの重要データの扱いには要注意

　会社のデータをエバーノート等のクラウドサービスに保存する場合は、事前に会社に相談することをおすすめします。サービス自体のセキュリティ対策は取られているものの、ユーザーのミスで情報が外部にもれる可能性もあるからです。

　中には絶対に社外に出せない重要なデータもあるかもしれません。また会社がデータの社外持ち出し自体を禁止している場合もあります。慎重にいきましょう。

8 メールを保存しておけば仕事の記録になる
Gmailで仕事を記録しよう

　「ウェブメール」とは、インターネットに接続すれば、どこにいても、どのパソコンやスマホからでもメールの送受信ができるサービスです。中でも「Gmail」は高機能で容量も大きく、仕事に取り入れることも考えられるでしょう。

ウェブメールを仕事に使う

　ウェブメールの代表がグーグルの「Gmail」です。Androidスマホにはアプリが標準でインストールされていることもあり、「どんなものかよくわからないけれど、聞いたことはある」という人も多いと思います。

　Gmailはパソコンでもスマホでもメールの送受信ができる、大量のメールが保存できる、そして会社やプライベートのアドレスもまとめて管理できるという便利なサービスです。仕事でも十分に威力を発揮するはずです。

Gmailの特長
- □メールの保存容量が大きい
  （Gmail、Googleドライブ、Google+で15GB）
- □スマホやタブレットにも対応
- □迷惑メールフィルタ機能が超強力
- □検索機能がグーグルならではの高精度
- □パソコン、スマホ等で同じアドレスが使える
- □新着メールが届くと着信通知あり

Gメールを仕事のデータベースにする

Gmailはメールの保存容量が大きい（Gmail、Googleドライブ、Google+で合計15GB（無料版））ので、テキストメール中心の一般的な使い方なら何十年にもわたるメールをそのまま残しておくことができるでしょう。

メールには、これまでやりとりした文書、添付ファイルがすべて含まれています。たとえば作成したワードのファイルをメールに添付して送ると、添付ファイルごと保存されるのでデータのバックアップにもなるのです。さらにメールには日時、送信先、すべてが記録されています。つまり過去のメールをすべて保存しておくと、それが仕事の記録となるのです。

全メールを保管しておくとなると膨大な量になりますが、グーグルならではの強力な検索機能が頼りになります。

また受信トレイがいっぱいになったら「アーカイブ（倉庫）」に移動させると、削除せずにトレイをすっきりさせられます。

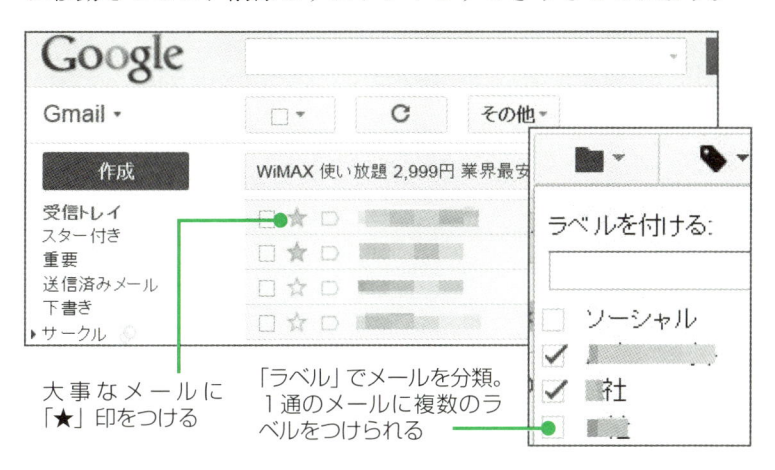

大事なメールに「★」印をつける

「ラベル」でメールを分類。1通のメールに複数のラベルをつけられる

Gmail でメールをまとめて受け取る

　Gmail では、複数のメールアドレスをまとめて管理することができます。たとえば会社で使っているアドレス、個人で使っているアドレス、フリーメールのアドレスなどを Gmail で受け取って読むことができるのです。Gmail から返信もできます。

　さらに送信時のメールを Gmail のアドレス（xxx@gmail.com）ではなく、会社やプロバイダーのアドレスに設定することもできます。会社のアドレスに送られたメールに G メールのアドレスで返信したら誰からのメールかわからないので、この設定は必須でしょう。

　プロバイダのメールを転送する場合、設定はプロバイダのサイトで行います。会社のメールを転送する場合は担当者に相談して、「OK」が出たら転送設定してもらいましょう。

●Gmailで複数アドレスのメールを管理するメリット

□**複数の端末で、どこにいてもメールを送受信できる**
自宅のPC、ノートPC、スマホ、タブレット等、端末や場所を選ばず、どこにいても受信したメールの確認、返信等ができる。同期するので、スマホで読んだメールは、自宅のPCで確認しても既読になっている。

□**メールのバックアップが取れる**
プロバイダ宛てのメールをパソコンのメールソフトで受信すると、通常サーバー上のメールは消去される。保管できる場合も、一定期間が過ぎたり容量オーバーになると消されてしまうことが多い。
いっぽうGmailはメールの保存容量も大きく、削除をしない限りメールはそのまま。パソコンが壊れてもGmail上にメールが残っているので安心。

押さえておきたい Google 検索の技

☐ OR 検索
キーワード間に大文字の OR を入れると、キーワードのいずれかを含む検索結果が表示される。例：ラーメン OR やきそば

☐ NOT 検索
除外したいキーワードに「-」をつける。
例：ピザ レシピ -トマト（トマトを含んだ結果は除外）

☐ 部分一致検索
キーワードの一部が不明なとき、不明な部分に＊を入れる。
例：日本＊開発

☐ 完全一致検索
複数の語句をひとまとまりで検索したいとき、語句を " " で囲む。
例："とてもおいしい豚骨ラーメン"

☐ 特定のサイト内を検索
キーワードの後に「site:」をつける。
例：ニュース　nhk.or.jp

☐ 関連するウェブサイトを検索
related:＜そのサイトの URL＞で類似したサイトを見つけることができる。例：related:www.narita-airport.jp/

☐ filetype 検索
ファイルのタイプを指定して検索する。
Excel VBA　filetype:pdf　（PDF ファイルのみ検索）

☐ 数値範囲を指定して検索
数字の間に「..」を付ける。　本棚 2000..5000 円

9 手帳にプラスして取り入れてみたい
スマホでスケジュール管理

　スマートフォンでのスケジュール管理は、「バッテリー切れだとアウト」「電話をしながらメモが取れない」「入力が面倒」といった欠点もありますが、アナログにはない良い点ももちろんたくさんあります。まずはよいところから取り入れてみてください。

「リマインダー」で予定を確実に実行する

　まずは便利なリマインダーを利用してみてください。登録しておいた予定が近づくと、スマホなどにお知らせしてくれる機能です。スマホでスケジュール管理をするときにはカレンダーアプリやTODOアプリを使うことになりますが、たいていのアプリに備わっている基本的な機能です。

●リマインダーを活用したい仕事

□「会議」「打ち合わせ」など
　相手のいる仕事や、日時が決められた仕事

□一人でする仕事の開始時間
　資料収集、報告書作成などの一人でする仕事もどんどん登録する。「3時からは報告書作成に入らないと間に合わない」というときにリマインダーに入力しておけば、時間になったらそれまでの仕事を終えて、報告書作成に入ることができる

□仕事や返事待ちの期限
　「〇日までに回答をもらう」といった「返事待ち」や、「〇日までに報告書を上げてもらう」といったことも、日時を決めて入力しておく

手帳は自分で見ないと予定を確認できませんが、リマインダーなら時間が来ると知らせてくれるので、予定を忘れることが減ります。またお知らせしてもらえる安心感から、今するべき仕事に集中して取り組めるのも助かります。リマインダーで知らせてもらう先は、やはりいつも身近かにあるスマホがベストでしょう。

カレンダーアプリを選ぼう

スマートフォンには、基本的なカレンダーアプリは最初から入っています。またAndroid端末はGoogleカレンダーと同期します。これだけでスケジュール管理は可能なのですが、カレンダーアプリも無料、有料と数多く提供されています。紙の手帳選びと同様、自分が使いやすいものを選びましょう。

まずはウイークリー、マンスリー、バーチカルといった好みの設定ができるかどうか。月曜日始まりがいい人はその設定できるか、ということもチェック。好きなデザインかどうかも大事です。使って楽しいということが長続きの秘訣でもあるからです。有料アプリでも無料版が用意されていることがあるので、実際にインストールしてみて使い勝手を試してください。

●主なカレンダーアプリ

ジョルテ	SnapCal	Googleカレンダー
システム手帳の雰囲気に近付けた人気のアプリ。バーチカルでの表示も可能。Googleカレンダー、Google Tasksと同期できる	ツイッター、Googleカレンダー、エバーノート、Facebookなどとの連携を備えるのが特徴。Google カレンダーと同期できる	カレンダーの超定番。スマホの各種カレンダーアプリとの連携も可能。Googleアカウントがあれば、誰でも始められる

10 スケジュール管理の定番
Googleカレンダーを使ってみる

　スケジュール管理のメインとして使いやすいのが「Googleカレンダー」でしょう。Googleアカウントがあれば、誰でも無料で始めることができます。

グーグルカレンダーを選ぶ理由

　Googleカレンダーはクラウドサービスのカレンダーです。パソコンから予定を入力すれば、すぐにスマホのカレンダーも同じ予定に更新されます。

　なおスマホにはGoogleカレンダー対応のカレンダーアプリが複数あります。スマホのブラウザでGoogleカレンダーの確認・編集もできますが、好きなカレンダーアプリを使ってGoogleカレンダーに同期するという使い方もあります。

●Googleカレンダーの特長

□ **カレンダー表示が切り替え可能**
　「日」「週」「月」など好みで切り替え可能

□ **予定が入力しやすい**
　「タイトル」「場所」「予定の詳細」などのフォーマットに入力するだけ

□ **リマインダーがある**
　通知方法はメール、ポップアップ、スマホ・ケータイへのメールなど

□ **カレンダーを共有できる**
　自分のスケジュールを公開できる。招待状を送ってアポを取ることも可能

□ **検索機能が強力**
　グーグルならではの検索機能でスケジュールが簡単に検索できる

スケジュールに仕事の記録を細かく入力しておく

　Googleカレンダーに限らずデジタルのカレンダーのよいところは、スケジュールといっしょに仕事の細かい記録が残せるというところです。

　たとえば会議があったら参加者や、その日の結論、自分の感想などを、ノートに書く感覚で自由に記録することができます。報告書作成をしたときは、実際にかかった作業時間、参考になるサイトの情報などを残せます。日記をつけてもいいでしょう。

　そして記録した情報は、今後必要になったときに、検索して読み返すことができるのです。パソコンやスマホの中の情報はノートのようにパラパラ気軽に読めるわけではありませんが、検索性の高さはそれと並ぶくらいの魅力です。

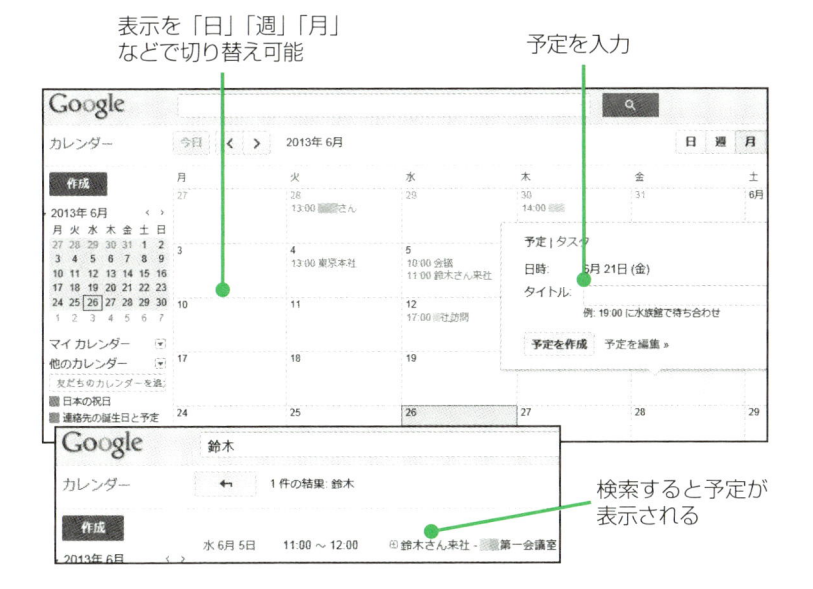

表示を「日」「週」「月」などで切り替え可能

予定を入力

検索すると予定が表示される

11 RSSリーダーで最新情報をまとめてチェック

スマホで効率よく情報収集

　ブログやツイッターなどからの情報収集を、オフィスのパソコンに座ってするのは効率的とは言えません。会社のパソコンでは仕事に集中。スマホを使って毎日の通勤時間や昼休みに行いましょう。どんなツールを使えばそれが可能になるのでしょうか。

「RSSリーダー」で通勤時間をムダなく使う

　スマホで情報収集するのであれば、楽に、効率よく、を心がけたいもの。そこで欠かせないのがRSSリーダーです。あらかじめお気に入りのサイトやブログを登録しておくと、サイトが更新されたときに自動的に受信してくれるというものです。

　自分からサイトを訪問して更新されたかどうか確認する手間がいりません。RSSで情報を収集してスマホで読むスタイルにすると、すきま時間が有効に使えます。

●主なRSSリーダー

□Livedoor Reader
　定番のRSSリーダーで利用者が多い

□Feedly
　洗練されたデザインが高評価

□My Yahoo
　ニュースやサービスをカスタマイズ。RSSリーダーとしても使える

ツイッターを情報収集に使う

リアルタイムで最新の情報が流れてくるツイッターは、情報収集ツールとしても威力を発揮します。もちろん自分がつぶやいて情報発信するのも有意義ですが、それだとフォロワーが少ないとか、リツイートがないとかで悲しくなり、長続きしないということもままあります。むしろ自分が情報を収集するツールと考えると、ずっと利用しやすくなります。ツイッターでの情報収集の方法には次のようなものがあります。

●特定の人をフォローしてつぶやきを読む

基本ですが、興味ある人や企業などを複数フォローします。すると自分のタイムラインにフォローした人のつぶやきがどんどん流れてきます。すべて読むのはムリですが、ヒマなときにざっと見るだけでも有益な情報が拾えます。

●多数のフォロワーがいる人をフォロー

フォロワーが多い人は、その分野の人気者である可能性が高くなります。よって多くのつぶやきやリツイートが期待できます。このような情報源となる人を複数見つけることができると、たくさんの情報に触れることができるでしょう。

●検索機能を使う

キーワード検索をするとタイムラインにツイートがたくさん出てきます。何か話題となる出来事があり、皆の反応を知りたいときにも、検索によってリアルなつぶやきや関連情報が見つかるでしょう。

「まとめサイト」でらくらく情報を得る

　情報があふれるインターネットでは、いったん誰かがまとめたり整理した情報を利用すると、自分は苦労せずに情報が得られます。いわゆる「まとめサイト」や「ソーシャルブックマーク」です。アプリを使えば、スマホでも読むことができます。

☐ **はてなブックマーク**
　ブックマークを公開し、共有したりコメントをつける。自分と興味が一致するユーザーのブックマークなどを参照。または人気エントリーをチェック。
　アプリ: はてなブックマーク（無料）

☐ **NAVERまとめ**
　インターネット上のあらゆる情報を、ひとつのページにまとめて保存・紹介できるサービス。　アプリ: NAVERまとめリーダー

☐ **Togetter**
　Twitterのまとめサービス。ユーザーがツイッターのツイートをまとめて、公開・共有することができる。　アプリ: Tgviewer

集めた情報はすぐに使ってみよう

　「これはおもしろい」「これは使える」という情報があったら、すぐに使ってみましょう。
　たとえば便利そうなキーボードのショートカットの情報だったらすぐに使ってみる。面白そうな映画があったら行く日を決めて、スケジュールに書き込むところまでする。
　面白い情報ならツイッターでつぶやいてみる、ブログに書く、という方法もあります。すると自分なりに情報を掘り下げて調べるので、より理解が深まります。また情報を発信することで、新たな関連情報が入ってくることもあるのです。

アナログ派にもできる「自分宛てメールでメモ」

　ちょっとしたアイデアを思いついた、よさそうなレストラン情報を耳にした、おもしろそうな映画について読んだ。こんなときアナログ派なら、メモ帳を取り出してメモすると思います。

　ここでいつものメモ帳ではなく、いつも持ち歩いているケータイを取り出してメモする方法もあります。メール作成画面を開いてメモを入力し、自分のメールアドレス宛てに送るのです。

　「入力が面倒」と思うかもしれませんが、後で見て思い出せる程度にざっくり書けばOKです。

　ちょっとしたメモはメールの「件名」に入力して、「本文」は入力せずに送ってしまいます。自分宛てのメモなので、何の問題もありません。ただしメールを受信したら、その後の対応は素早くしましょう。アイデアならアイデアを集めているメモやノートに、予定なら手帳に、すぐに書き写しましょう。

　自分にメールを送るだけだからとても簡単。アナログ派でもすぐにできるデジタルメモ術です。

ガラケーでもメモできる!

メール作成画面を開く
▼
思いつき等を「件名」に入力（まとまった情報は本文に入力）
▼
自分のPC用アドレスなど、いつも使っているアドレスに送る
▼
メールチェックする

12 スマホ、ノートパソコンにないメリットたくさん
タブレットを仕事に使う

　タブレットを買ってはみたものの、「仕事には使っていない」という人は多いのではないでしょうか。でもタブレットにはノートパソコンやスマートフォンにはない、よい点がたくさんあります。できることはiPadでもアンドロイドでもそれほど変わりません。ぜひメモ、ノートにも活用してください。

タブレットがスマホ、パソコンよりも優れている点

　タブレットには、起動が速い、皆で見やすい形状で会議や打ち合わせで見せながら話ができるなど、ノートパソコンやスマートフォンよりも優れている点があります。

　10インチタブレットでは大きすぎる、持ち歩くには不便と感じる人には、大きすぎず小さすぎずの7インチという選択肢も増えました。自分の使い方に合ったものを選んでください。

タブレットのメリット
- □ PCより起動が速くイライラしない
- □ 皆で見やすい形状（大きくて平ら）
- □ 持ち運びが楽
- □ 片手で持てる
- □ スマホより画面が大きくPDFなどの書類が読みやすい
- □ 画面が縦にできる
- □ インターネットにすばやく接続できる
- □ バッテリーが長持ちする

PDFを読み、直接メモする

●書類を読む

仕事でPDFをやりとりする機会は多く、外出先で読めると便利です。でもスマホはいかんせんPDFを読むのには小さすぎます。その点、タブレットは不足のない大きさです。またビジネス文書はたいてい縦なので、縦にできるタブレットだとパソコンよりも読みやすかったりします。そこでPDFなどの書類を入れておいて、カフェでゆっくり読むという用途に使えます。

●タブレットで書類をチェックする

書類データをチェックするには、いったんプリントして赤ペンなどでチェックを入れるのがよくあるスタイルです。これをPDFのまま読み、コメントもPDFに直接メモしてしまいます。タブレットは大きく平らなので、この作業がとてもやりやすいのです。

隅々まで細かく眼を通したい場合はプリントするほうがベターですが、ざっとチェックするだけならこれで十分。紙の無駄遣いもなくなります。データは大量に持ち歩けるので、休憩時間や移動中にチェックすればすきま時間がムダになりません。

◆書き込みができるPDFビューアー

Goodreader　　　　iOS版（450円）
Foxit Mobile PDF　iOS版(無料)　　Android版(無料)
iAnnotate PDF　　iPad版(850円)　Android版(無料)

打ち合わせで使う、画像にメモする

　打ち合わせやプレゼンの際に、タブレットに入れていた資料や画像、ウェブサイトなどを見ながら話を進めます。ノートパソコンだとモニターがじゃまになりますが、タブレットは平らで3〜4人でも見やすい形です。また画像や動画を見せながら話すと、理解してもらいやすくなります。タブレットを仕事で使うケースはまだ珍しく、「へ〜！」と興味を持つ人は少なくありません。コミュニケーションツールとしても活躍します。

●画像加工アプリ「Skitch」でメモしながら話す

　「Skitch」は無料の画像加工アプリです。画像に矢印や図形、文字などをさらっと書き込めるほか、シンプルなイラストも描けます。クライアントとタブレットの画像を見ながら意見を言い合い、それを画像に書き込んでいくといったことができます。補正機能で手書きの線も見やすく修正されます。操作も簡単で、アナログ派にもとっつきやすいアプリです。

矢印がきれいに書ける

文字入力も簡単

本を入れて外出先で読む

タブレットは電子書籍を読むツールとしてはすでに定評があります。そこで自分で好きな本を裁断しスキャナでデータ化、PDF化してタブレットで読めるようにします。いわゆる「自炊」ですが、自分で利用するぶんにはまったく問題ありません。

自炊すると何百冊という本を持ち運び、どこでも読むことができるようになります。ヒマつぶしの読書だけでなく、外出先でよく必要になる仕事のマニュアルなどは、データ化しておくといつでもどこでも参照できるので便利です。OCR処理をすることで、キーワード検索も可能になります。

●自分で本を電子化する

裁断機で本を裁断する。
ページが少ない場合はカッターでも切れる

▼

スキャンしてPDFファイルにする

▼

PDFファイルをタブレットに転送、コピーする

▼

またはDropboxなどのストレージサービスにどんどん保存。
必要になったらアクセスしてダウンロード

▼

読書アプリで読む
iPad:　　　iBooks、i文庫hdなど
Android:　Perfect Viewer、ezPDF Reader など

中川 裕（なかがわ・ゆう）
早稲田大学第一文学部卒業。ファイナンシャルプランナーの資格を持ち、主に仕事術、独立起業、ライフプラン関連書籍の執筆業に携わっている。
著書は『お金を稼ぐビジネスマンのメモ術・ノート術』『頭のいい人がしている仕事のメモ術・ノート術』など多数ある。

E-mail：yuh_nakagawa@yahoo.co.jp

会社では教えてくれない！頭のいいメモ術・ノート術

2013年7月24日	初版発行
2014年9月22日	3刷発行

著　者　　　中　川　　　裕

発行者　　　常　塚　嘉　明

発行所　　　株式会社　ぱる出版

〒160-0011　　東京都新宿区若葉1-9-16
03(3353)2835－代表　03(3353)2826－FAX
03(3353)3679－編集
振替　東京　00100-3-131586
印刷・製本　(株)ワコープラネット

© 2013　Yuh Nakagawa　　　　　　　　Printed in Japan
落丁・乱丁本は、お取り替えいたします

ISBN978-4-8272-0809-2　C0034